ALPHONSE DESJARDINS,
un homme au service des autres

JACQUES LAMARCHE

Graphiste concepteur: Carole Pouliot

©*La Fédération de Québec des Caisses populaires Desjardins* — 1977
Tous droits de traduction et d'adaptation réservés pour tous pays
Dépôt légal — 4e trimestre 1977- Bibliothèque nationale du Québec
ISBN: 0-7760-0748-3

Imprimé au Canada

DU MÊME AUTEUR

Essais socio-économiques

LE MOUVEMENT DESJARDINS (1962, épuisé)
LE SCANDALE DES FRAIS FUNÉRAIRES
(Éditions du Jour, 1965)
LES REQUINS DE LA FINANCE (Éditions du Jour, 1966)
LES CAISSES POPULAIRES (Éditions Lidec, CEP1, 1967)
L'ABC DE LA FINANCE (Éditions Lidec, CEP2, 1967)
LE BUDGET FAMILIAL (Éditions Lidec, CEP4, 1968)
COOP ET COOPRIX, REVANCHE ÉCONOMIQUE
DES QUÉBÉCOIS (Éditions du Jour, 1971)
LA CRISE DU PÉTROLE (Éditions du Jour, 1974)
EMPAILLAGES AU JOUR LE JOUR (Éditions Quinze, 1976)
LE CENTENAIRE DES ARTISANS COOPVIE
(Éditions du Jour, 1977)

Essais pédagogiques

COLLECTION DU TRAITEMENT DE L'INFORMATION
(Beauchemin, 1972)
COLLECTION MATHÉMATIQUES DE LA VIE COURANTE
(Beauchemin, 1975)
COLLECTION SCIENCES FAMILIALES, en collaboration
avec Claude Lamarche (Beauchemin, 1976)

Romans

LA PELOUSE DES LIONS (Ariès, 1969)
LE ROYAUME DÉTRAQUÉ (Le Cercle du Livre de France, 1970)
EURYDICE (Le Cercle du Livre de France, 1972)
LA DYNASTIE DES LANTHIER (Le Cercle du Livre de France)
I- LA SAISON DES AURORES BORÉALES (1974)
II- LA SAISON DES ARCS-EN-CIEL (1977)

Biographies

LES TOQUÉS DU FIRMAMENT (Beauchemin, 1972)
CONFESSIONS D'UN ENFANT D'UN DEMI-SIÈCLE
(Quinze, 1977)

LA TABLE DES MATIÈRES

Dédicace 11

Première partie (1854-1900)
LA RECHERCHE ET
LA CONQUÊTE D'UNE VÉRITÉ

Chapitre I   **L'enfance (1854-1860)**
Le début d'un siècle — La vie reprend ses droits —
Espérances déçues — L'aube d'une nouvelle vie aussi difficile — L'apprentissage inconscient de la solitude — Le diorama de l'insécurité — La légende du
pain — L'erre d'envolée 17

Chapitre II   **La naissance des amitiés
(1860-1879)**
Sac au dos, pincement au coeur — C'est mon ami —
Ce fut l'un de nos brillants élèves — Adieu Cicéron,
ave Caesar! — Les premières chasses à l'emploi —
Une balade militaire — Le sang bleu de deux
frères 27

Chapitre III   **Le prix de la vérité (1879-1890)**
Les profils du dix-neuvième siècle — La messe de
sept heures, c'est moi qui l'ai payée — L'oncle Thériault remonte l'horloge — Écouter, noter, imprimer — Les premières joies familiales — Non monsieur, je ne peux rien y changer! — « La raison du
plus fort est toujours la meilleure» 41

Chapitre IV   **Un combat de trois mois (1891)**
Illusion ou conviction? — La défense du Canada —
« Le zèle du reptile» — Adieu au journalisme de
combat 57

Chapitre V   **Le jaillissement de l'étincelle**
(1892-1899)

Une année de deuil — Les premières recherches —
Primo vivere — L'étincelle d'une idée — À l'écoute
des autres — Dans le silence de la réflexion — Les
premières réactions — Au service des autres   65

Chapitre VI   **Tête froide, coeur en chamade**
(1900)

La formation du comité d'étude — Secrète inquiétude — Il fait chaud à Menton, sur la côte française!
— Il fait beau à Londres, sur la côte britannique!
— Et mon cadeau? — Monsieur le curé l'a dit — L'histoire était au rendez-vous   81

Deuxième partie (1900-1920)
LA GRANDEUR ET LA SERVITUDE
DE LA CONDITION HUMAINE

Chapitre VII   **Préoccupations nouvelles**
(1900-1901)

Le dîner est servi — Le passé et l'avenir — Blottis
autour du clocher — Ca frappe à la porte — Maman,
c'est pour toi! — La banque à Desjardins — L'impression des règlements de la Caisse — Apprenons
d'abord à travailler ensemble   101

Chapitre VIII   **Angoisses et joies familiales**
(1901-1905)

Un premier bachelier es arts — Notaire comme
papa — Si tu écrivais à ton ami Rayneri! — Deux
années de répit — Un père en deuil — Un loyal effort de propagande — Le régime de droit commun   115

Chapitre IX   **Le cheminement sur la voie légale**
(1906-1908)

Ouverture sur deux fronts — Les préoccupations

sociales — Au pied du cap Diamant — Mignonne, si nous allions nous reposer — Campagne de presse à l'âge de fer — Retour au premier front — Les capitalistes s'émeuvent — Les sénateurs palabrent; les écoliers économisent — Un Noël heureux 127

Chapitre X   **Un orfèvre à l'oeuvre (1908-1912)**
La vie reprend ses droits — Un petit catéchisme nouveau — L'opale scintille — Papa est-il revenu? — Une collectivité en éveil — Un été américain 143

Chapitre XI   **Le Commandeur Desjardins (1913-1916)**
Les chandelles du gâteau — De drôles d'idées — Un sénateur! — Le Commandeur — Au service de tous — La loi de 1915 — « On vous érigera une statue» 155

Chapitre XII   **Les dernières années (1917-1920)**
Dans l'humilité d'un corps affaibli — La Caisse populaire Desjardins — Dans la sérénité d'un esprit lucide — La dernière assemblée générale — J'ai enlevé les housses, maman — La démocratie n'est pas un vain mot — Les dernières joies 165

Dédicace

«Je regarde les yeux hébétés par le sort la gloire indélébile et calme qu'ont les choses alors que les hommes sont morts...»
Anna de Noailles

L'automne s'achève. Novembre recouvre la terre de ses gelées nocturnes. Le long du fleuve Saint-Laurent, les grandes marées noires et froides raclent les galets de Saint-Jean-Port-Joli. Dans la campagne avoisinante, les cultivateurs ont recouvert de paille les potagers frileux. L'engourdissement de l'hiver approche. Chez François Roy dit Desjardins, c'est un jour de fête et d'inquiétude. On attend un premier-né.

Marie-Clarisse Desjardins, l'aînée de quinze enfants, naît le 19 novembre 1844.

Dix ans plus tard, l'automne régulier s'achève à nouveau. Cette fois, le long du fleuve Saint-Laurent, les grandes marées tenaces et redoutées se heurtent aux falaises du Cap-Diamant. En face de Québec, toujours chez François Roy dit Desjardins qui vient d'emménager à Lévis, c'est jour de fête et d'habitude. On attend encore un enfant.

Gabriel-Alphonse Desjardins, huitième de la famille, vient au monde le 5 novembre 1854.

Si chaque naissance humaine est un événement, chaque vie nouvelle est un mystère. Elle ressemble pourtant à celle de tous les autres humains: manger, dormir et travailler n'ont rien d'original. N'y a-t-il pas des millions de personnes nées et disparues dans l'anonymat collectif des siècles et des continents? L'Histoire cependant a retenu le nom et l'existence de ce nouveau-né, fondateur des Caisses populaires Desjardins.

L'oeuvre et la vie d'Alphonse Desjardins laissent une marge à l'étonnement, une sente où se faufile et s'installe l'admiration de nombreuses générations. Avec la coulée des décennies et le recul du temps, l'oeuvre a pris une ampleur qui confère une dimension historique à la vie de l'homme. Il devient de plus en plus difficile de séparer un tel modèle, au double sens du terme: exemple à suivre ou schéma d'analyse. Le présent ouvrage respecte la bivalence de cette signification mais n'envisage pas présenter une synthèse. Les renseignements disponibles sur Desjardins sont à la fois trop abondants et trop morcelés.

Trop abondants. Des milliers de pages déjà publiées et récensées relatent l'histoire fascinante du Mouvement des Caisses populaires Desjardins. Chaque année, les archives s'enrichissent de documents sérieux et intéressants. Chaque génération y découvre de nouvelles facettes étincelantes de l'oeuvre et de la vie d'Alphonse Desjardins.

Trop morcelés. Semblables à des bondes qui auraient retenu ou libéré l'eau des étangs, les faits accumulés et les conséquences des premières décisions bâtissent une légende et propagent une aura qui enveloppe la vie intérieure de l'homme au détriment de sa vraie dimension.

Ce livre se place dans une perspective plus restreinte et plus personnelle. Il n'ambitionne pas de proposer aux lecteurs une biographie scientifique ou une analyse sociologique. J'ai volontairement refusé de rapprocher l'histoire et l'oeuvre; j'ai choisi de ne pas commenter ni souligner les conséquences économiques de l'action.

Je crois que la vie personnelle et familiale d'Alphonse Desjardins prend une dimension universelle à cause de la tenace volonté d'un être humain à se mettre au service de l'humanité. Le titre insiste d'ailleurs sur cette optique bien précise. Le récit vise avant tout à déceler les lignes de force qui animent l'homme et l'incitent à servir les autres hommes de sa génération et de son pays.

L'approche, délicate et peut-être téméraire, cherche à faire progresser notre connaissance des principes inhérents à l'idéal coopératif du fondateur des Caisses. Par voie de conséquence, elle ambitionne de renforcer notre appréciation d'un système de valeurs tout imprégné d'humanité, d'espérance et de confiance en l'être humain.

Le lecteur trouvera dans d'autres ouvrages plus techniques les rouages professionnels propres à l'entreprise elle-même; il découvrira, dans celui-ci, la fragrance humaine imprégnée d'espoirs, d'inquiétudes, d'incertitude et de force.

L'enthousiasme et la conviction d'hommes formés à ce système de valeurs ont donné corps à cet essai et m'ont soutenu dans sa rédaction. C'est donc à la phalange entière des coopérateurs qui oeuvrent dans le Mouvement des Caisses populaires que je dédie *Desjardins, un homme au service des autres*.

Première partie (1854-1900)

LA RECHERCHE ET LA CONQUÊTE D'UNE VÉRITÉ

«*Homme aux labours des brûlés de l'exil*
selon ton amour aux mains pleines de rudes conquêtes
selon ton regard arc-en-ciel arc-bouté dans les vents
en vue de villes et d'une terre qui te soient natale...»

Gaston Miron[1]

---

1. *L'homme rapaillé*, Pour mon rapatriement, page 50, PUM 1970.

CHAPITRE I

L'enfance
(1854-1860)

Fils de la terre lévisienne, élevé dans l'humble sillage de la simplicité et de la lutte à la pauvreté, Alphonse Desjardins eut une enfance rude. Il conserve toute sa vie la lucidité pratique des êtres que le combat constant avec le quotidien incertain façonne et influence. Il grandit avec l'apprentissage de l'insécurité mais tel un pin solide, il maintient ses racines dans un terreau natal.

L'absence de la sécurité n'a pas créé d'amertume en lui. Elle engendre plutôt une volonté tenace, semblable à celle du pin qui durcit ses rameaux et ses fibres en contact avec les forces du vent et des bourrasques, le poids du givre et de la neige. Il n'attend pas, de manière passive, les jours meilleurs qu'il pourrait envier à ceux qui les ont déjà connus. Il forge sa propre vie avec ce qui l'entoure comme l'arbre dressant ses aiguilles en collerette vers la lumière. Chaque enfant crée sa féerie. Quelques-uns s'y enferment en grandissant; d'autres grandissent en s'en dégageant. Alphonse Desjardins n'a pas le goût de rêves. Il doit participer à la survivance courageuse qu'exige, chaque jour, le sens des réalités.

Le début d'un siècle

1800, premières années d'un siècle nouveau. Par en haut du village de Saint-Jean-Port-Joli, l'aïeul Marc-Antoine Roy dit Desjardins appesantit ses solides foulées sur la terre ancestrale. Âgé de vingt-cinq ans, il sait que son tour viendra de fonder un foyer, d'occuper un jour la chambre du maître de la famille. Le 12 octobre 1802, il épouse Angélique Roy dit Lauzier, à Sainte-Anne-de-la-Pocatière, et revient à la maison natale. Les années et les enfants se succèdent.

1810, dans la ferme des Roy dit Desjardins, François naît. Comme ses frères et soeurs, il grandit à Saint-Jean-Port-Joli. Pieds nus à l'aube sur le pin rugueux, pieds chaussés au crépuscule sur le pavé de l'étable, il apprend à vivre, à travailler, à vieillir. Naissances et décès, visages versicolores de générations anciennes et nouvelles, les années passent. Le 20 février 1832, la grand-mère Desjardins meurt; le 9 octobre 1832, la première épouse de François Desjardins remplace la belle-mère aux fourneaux pour mourir à son tour, l'année suivante.

1835, à soixante ans, le grand-père Marc-Antoine convole en secondes noces; à vingt-cinq ans, son fils François l'imite, il épouse Flore Fortin. La jeune mariée et son bébé ne peuvent survivre et prennent le chemin du cimetière en 1836. Veuf à nouveau, François Roy Desjardins hésite à se remarier.

La vie reprend ses droits

Le poids des ans courbe légèrement les épaules de l'aïeul qui célèbre ses soixante-dix ans. Ses fils voudraient bien parler un peu de l'héritage.

— Je pourrais labourer la terre du rang croche l'an prochain et m'en occuper tout seul, propose François à son père.

— Et tes frères aînés me demanderaient leur part. Vous diviserez la terre quand je serai mort, si vous la voulez. Pour le moment, on va laisser le rang croche en jachère. Les hommes engagés coûtent trop cher et le sol a besoin de refaire sa fertilité. Au fait, c'est toujours le mois prochain que tu te maries?

— Justement, si je pouvais m'occuper de la terre, j'élèverais une bonne famille d'habitants, son père.

— Commence par passer à l'église mon gars et occupe-toi de la fertilité de ta femme avant celle de ma terre.

À trente-trois ans, le 19 septembre 1843, François Roy dit Desjardins se marie une troisième fois. Il épouse Claire Miville-Deschênes, âgée de quinze ans, dans l'église de Sainte-Anne-de-la-Pocatière. Le nouveau couple a tout le loisir de suivre le conseil paternel: il aura quinze enfants. Parmi eux, Alphonse Desjardins, le fondateur des caisses populaires.

Espérances déçues

Les récoltes d'été bien rangées avant les labours d'automne, la vie continue sur la terre de Marc-Antoine, l'aïeul toujours alerte. L'avenir ne laisse présager aucune promesse de fortune rapide. La terre ancestrale demeure toujours indivisée. L'argent sert à l'achat d'animaux et de semences, au salaire des hommes engagés. Il ne reste guère d'espèces sonnantes pour les fils et leur femme une fois tout le monde logé, nourri et abrité.

Las d'espérer une indépendance qui ne vient pas, François Roy Desjardins risque imprudemment ses minces économies dans des transactions aléatoires. Il y perd avoir et crédibilité. Sa jeune épouse s'inquiète de l'avenir des quatre enfants. Elle n'a plus la confiance aveugle des premières années de mariage. Elle n'ose croire à l'arrivée de jours meilleurs, sur la terre encore indivisée. Elle s'insurge doucement.

— Puisqu'on ne peut travailler pour soi, mieux vaudrait descendre directement au village et y gagner de l'argent sonnant, propose-t-elle à son mari.

— Qui est-ce qui peut nous engager à Saint-Jean-Port-Joli?

— Dans ce cas, déménageons ailleurs. Ça fait presque dix ans qu'on attend ici, pour rien. Ton père nous enterrera tous. Même si nous lui survivions, tes frères aînés passeront avant toi. On pourrait peut-être trouver une maison à nous autres, à Lévis par exemple. Tu peux t'engager comme ouvrier agricole et nous aurions de l'argent.

— Le père vieillit, la terre d'en-haut...

— Monte en haut, au grenier. Descend les malles, il n'y a plus rien à attendre ici.

Au dixième anniversaire de mariage, en 1853, la famille vient d'emménager dans une maison louée à Lévis. L'aînée des enfants, Marie-Clarisse, a neuf ans; François-Xavier six ans; Louis-Georges quatre ans; Charles est au berceau. Trois autres ont été inhumés au cimetière de Saint-Jean-Port-Joli: Marie-Salomée en 1846, Sophie-Louise en 1847 et tout dernièrement, Benoît-Victor en 1851.

Claire et François Roy Desjardins espèrent recommencer leur vie, avec plus de facilité, dans ce nouveau centre plus prometteur de succès.

— À Lévis au moins, les petits pourront aller au collège et s'instruire, songe la mère.

L'aube d'une nouvelle vie aussi difficile

1854, Marie-Clarisse marche au Grand Catéchisme. Elle aura bientôt dix ans; elle se prépare à la communion solennelle.

— Ne t'inquiète pas, ma grande, tu auras une belle robe blanche comme les autres, avec un beau voile de dentelle. Maman te le promet.

Pour tenir sa promesse imprudente, la mère va travailler à l'extérieur. Son homme engagé de mari ne trouve pas tellement plus d'argent à Lévis qu'à Saint-Jean. La grande fille de dix ans manque souvent l'école; elle doit surveiller son petit frère Charles. François-Xavier marche déjà au Petit Catéchisme. À deux ans, Charles abandonne le vieux berceau à un nouvel occupant.

Le cinq novembre, Gabriel-Alphonse Desjardins voit le jour dans l'humble maison louée de Lévis. Le grand-père Antoine monte assister au baptême de son filleul à la nouvelle paroisse de Notre-Dame-de-la-Victoire. Depuis la naissance des enfants, le père François Roy dit Desjardins a laissé tomber le premier patronyme; tous sont baptisés Desjardins. À peine revenus de cette cérémonie religieuse, les Desjardins reprennent le chemin de l'église, la mort les a retracés. Le vingt novembre, on enterre Charles. À deux ans, il cède son berceau, ses langes et toute la place. La vie nouvelle n'est ni meilleure ni pire. L'aïeul retourne à sa terre ancestrale; la mère à ses relevailles.

L'apprentissage inconscient de la solitude

Quand naîtront, en 1860, les jumeaux Étienne et Joseph, Alphonse a déjà six ans. Dans l'intervalle, en 1858, un petit frère est né mais n'a pas survécu. L'intervalle des âges entre les survivants s'accroît. Le plus rapproché d'Alphonse Desjardins, Louis-Georges, a cinq ans de plus que lui.

Le temps de commencer les classes arrive. Les aînés ont quitté la petite école et sont déjà inscrits au collège. Les petits jumeaux ont un an seulement. Alphonse Desjardins se rend seul à l'école Potvin; il se retrouve seul à son retour pour s'initier aux redoutables mystères des premières calligraphies.

En 1864, à dix ans, il prépare à son tour la communion solennelle au Collège de Lévis. Ses deux grands frères ont quitté l'institution, l'année précédente, pour commencer à travailler. Marie-Clarisse a vingt ans.

Au cours de cette première décennie, le jeune garçon s'initie inconsciemment à la solitude. Il s'habitue à s'en remettre à ses propres décisions. Il peut consulter sa mère ou sa soeur, admirer ses aînés mais il se retrouve seul avec ses propres réflexions.

Le diorama de l'insécurité

Le père ne réussit pas à gagner assez d'argent pour subvenir aux besoins de sa famille. Courageuse, réaliste et infatigable, la mère continue à se louer à la journée auprès de familles lévisiennes plus fortunées. Tôt le matin, frissonnant souvent dans l'air froid du fleuve et le souffle du vent s'engouffrant dans les côtes de Lévis, elle commence ses longues journées de «femme de ménage». Laver les planchers, surveiller les mioches des autres pour rapporter quelques dollars hebdomadaires à la maison, tel est le lot de cette jeune femme de trente ans. Le père n'est d'aucun secours; Marie-Clarisse demeure auprès des jumeaux d'un an. L'ombre de l'insécurité se profile sur le tableau de la vie quotidienne.

Alphonse Desjardins, encore enfant, ne ressent peut-être pas toute cette ambiance de pauvreté. Il y vit, simplement et naturellement, en côtoyant les autres êtres humains qui l'entourent. Souvent confié à la surveillance affectueuse d'une grande soeur, élevé dans un humble foyer au milieu de huit garçons et de parents démunis, il grandit avec l'inconsciente volonté d'améliorer son sort et celui des siens.

La légende du pain

Les biographes d'Alphonse Desjardins relatent un incident familial situé vers l'année 1860. Un siècle s'est écoulé, les témoins originaux sont évidemment disparus. Seule persiste une légende amplifiée par les années, transformée par les hommes.[2]

«Mon Dieu, mon dernier cinq sous», dit la mère en remettant la pièce d'argent à son jeune fils Alphonse.

L'enfant court au magasin, le commis lui répond qu'il n'a pas de pain à ce prix. La faim d'un enfant de six ans surmonte toute rebuffade.

— Je veux celui-là, dit-il en désignant un petit pain et en tendant sa pièce de monnaie.

— Dehors quêteux, réplique le commis en poussant l'enfant vers la sortie.

Indifférent aux larmes du petit, il ouvre la porte et allonge un pied menaçant. Alphonse Desjardins, en larmes, tombe dans les bras d'un vieux monsieur distingué tout ému de l'émoi du petit. Outré de la conduite du commis, le bon Samaritain entre dans le magasin, commande pains, beignes et tartes. Il paie et donne tout au petit qui court raconter l'histoire à maman Desjardins.

— Sainte Vierge Marie, que votre saint nom soit béni et celui de votre Fils régnant; vous nous permettez de manger ce soir.»

---

2. George Boyle présente une version que j'ai traduite et raccourcie. Le texte original, en anglais, apparaît aux pages 15-16-17, édition 1962, *The Poor Man's Prayer* (Palm Publishers, Montréal, publié en 1952 à Baltimore, Maryland, Garamond Press.)

Le sénateur Cyrille Vaillancourt propose une version différente, à la page neuf de son manuscrit original (*Alphonse Desjardins, artisan de la coopération*). Il ne la mentionne pas dans le livre définitif (*Alphonse Desjardins, pionnier de la coopération d'épargne et de crédit en Amérique*, Lévis 1950, Vaillancourt et Faucher).

Il l'a racontée, oralement, aux congressistes présents au 25e anniversaire de fondation de l'Union régionale des Caisses populaires, à Trois-Rivières, le 29 octobre 1945. Je l'ai retrouvée dans les notes personnelles du sénateur qui me les avait confiées en novembre 1962.

Telle que présentée, l'histoire peut révéler la grande pauvreté d'une famille dont la mère courageuse se substitue à un mari malade. Voyons l'autre version.

« Un soir, lorsque sa mère revient de travailler, elle tend une pièce de cinq cents à son fils Alphonse pour aller acheter du pain chez l'épicier du coin, monsieur Buchanan.

— Ce n'est pas cinq mais huit cents.

L'enfant fond en larmes. L'épicier Buchanan s'enquiert de la raison d'un tel émoi. Alphonse Desjardins raconte qu'il n'y a rien à manger, que sa maman a seulement cinq cents pour acheter du pain.

Charitable, l'épicier lui donne le pain et tout ce qu'il faut pour un souper convenable. Ce souvenir d'enfance, poursuit le biographe un peu imaginatif, devait revenir tout vivace chez Alphonse Desjardins au cours de sa vie. Il ne suffit pas de procurer aux pauvres la joie d'un soir mais la sécurité du jour et du lendemain. » (Fin de la citation)

L'erre d'envolée

Élevé dans un humble foyer par des parents peu fortunés, Alphonse Desjardins eut pour univers les murs simples d'une maison que la mort et la maladie visitèrent souvent. Il y commence le long apprentissage de l'insécurité.

L'absence du luxe et du superflu, souvent même du nécessaire, ne le rend pas malheureux. On ignore tout de la richesse lorsqu'à six ans on grandit dans un tel milieu. On se crée ses propres trésors: un caillou de la route, une caresse maternelle, un sourire fraternel.

L'horizon personnel de l'enfant se limite aux rues de sa paroisse naissante, à la découverte d'amitiés nouvelles, aux trains qui passent près du fleuve, en bas des falaises. Perspective infinie aux mystérieuses correspondances;

point de départ et point d'arrivée, son enfance pauvre demeure l'erre d'envolée de sa vie future. Pour avoir, tout jeune, connu une telle existence enrobée dans l'insécurité du quotidien, il ne refusera jamais, adulte, les incessants rendez-vous de solidarité humaine.

CHAPITRE II

La naissance des amitiés
(1860-1879)

Début septembre, toutes les générations de bambins aux prises avec les premières journées d'école voient la vie bouleverser leurs jeunes habitudes. Fête ou inquiétude, catastrophe ou joie, l'entrée à l'école ne laisse aucun enfant indifférent, identique le lendemain à la veille. Un nouvel ordonnateur des jours et des heures les prend en charge; il modifie profondément les relations d'un monde familial qui s'ouvre à la bouleversante présence des autres enfants réunis à l'école.

La famille s'inquiète, s'énerve, s'active. Elle communique aux enfants son angoisse. Le calme serein des journées routinières n'existe plus; les traditions de l'enfance sont ébranlées.

— Va jouer dehors. Ne traverse pas la rue. Tu ne peux pas sortir, il fait trop froid.

— Demeurez en classe. Traversez la rue. Beau temps, mauvais temps, il faut se rendre à l'école, disent maintenant les parents et les éducatrices!

Le premier dimanche de septembre, l'enfant perçoit déjà les changements. Maman ne range pas les vêtements propres comme à l'accoutumée, au retour de la messe. Elle ne les place plus dans le tiroir pour le dimanche suivant. Elle les emporte avec elle à la cuisine pour les brosser, les presser. Ils serviront à nouveau...mardi prochain!

— C'est quand mardi?

L'enfant peut comprendre qu'une semaine, c'est d'un dimanche à l'autre et qu'un dimanche, c'est facile à reconnaître. On retourne à l'église, on s'habille en propre. Mais du dimanche au mardi, il n'a pas de point de repère. Un mardi, c'est quand, c'est quoi. Le mot lui-même prend une importance nouvelle et l'enfant voit bien que tout son petit monde est bouleversé par les mots des adultes, par les préoccupations de toute sa famille.

Le père s'attarde dans la chambre du petit. Il se penche, soulève les bottines, examine les semelles et les lacets. Il les emporte à la cuisine alors que d'habitude les bottines du dimanche sont rangées dans le placard.

— Je vais les frotter; elles seront tout neuves mardi.

— Mardi? C'est grand-papa qui vient nous voir?

Sac au dos, pincement au coeur

Dans la maison des Desjardins, comme dans les autres maisons de Lévis ou d'ailleurs, le premier jour d'école du petit s'entoure de mystères et de prophéties.

— Quand il sera instruit, le petit, il deviendra peut-être ministre ou curé.

Combien de papes et de premiers ministres, les mères des «petits» ont élu spontanément, la veille du premier jour d'école. Oreilles tendues, yeux étonnés, les enfants ne comprennent rien aux rêves des adultes. À peine saisissent-ils la séquence des syllabes: mi nis tre, c'est quoi? Ils savent tout de même que demain, ils revêtiront leurs habits propres et passeront toute la journée loin de la maison.

— Maman ira te reconduire, ne t'inquiète pas.

Qui est-ce qui s'inquiète le plus? La mère ou l'enfant?

Après le repas du soir, on fait l'inventaire des ressources familiales.

— J'ai recousu la bretelle du sac de Louis-Georges; le petit y mettra ses livres, comme son grand frère autrefois.

— Maman, j'ai retrouvé mon premier coffre. Alphonse peut y placer son crayon neuf.

— Va chercher le couteau, je vais aiguiser son crayon.

L'enfant contemple le coffre, tend la main vers le crayon. Il examine tout. Il palpe tout. Il retourne le coffre et veut s'essayer aux griffonnages qu'il connaît déjà.

— Non, non, c'est pour écrire dans un cahier, demain.

Après la prière du soir, les aînés s'attardent autour du petit. Ils veulent lui prodiguer leurs conseils. Ils ont eu l'expérience d'une première journée d'école mais ne savent pas que l'expérience s'acquiert et ne se communique guère. Le petit écoute distraitement; il met et remet le coffre dans son sac. Il s'entraîne à bien placer les bretelles sur ses deux épaules.

— Je peux mettre le livre de Marie?

— Tu auras de beaux livres, demain.

Les seuls livres qu'il connaisse, pour avoir vu ses aînés les étaler sur la table de la cuisine près de la lampe, sont le petit catéchisme ou la redoutable grammaire. Peut-être aussi, plus fascinants à cause des images, l'histoire sainte et le livre d'enseignement ménager de Marie-Clarisse. Au foyer, il n'y a ni journaux ni bibliothèque. Oh si! Au fond de la grosse malle de maman, de beaux livres mais maman ne les lit pas, elle tourne les pages et raconte de belles histoires.

Comme tous les enfants du monde, bottines bien lacées, culottes propres, longs bas neufs, sac au dos et pincement au coeur, Alphonse Desjardins se rend à l'école paroissiale.

C'est mon ami

À l'école Potvin, les petits arrivent un à un, silencieux et impressionnés. Main droite à hauteur de la main gauche de maman qui presse les doigts nerveux. Plus aguerris mais à peine âgés d'un ou deux ans de plus, les anciens sourient, gambadent et jasent. Ils ont mis fin à leur dépendance estivale des grandes personnes; ils se retrouvent joyeux au centre d'un monde enfantin.

Ils sont une quarantaine dans la petite cour débordée. Lorsque les parents ont embrassé le petit dernier, la cloche regroupe une douzaine de «futurs papes» dans les classes. Pour la première fois de sa vie, Alphonse Desjardins côtoie des jeunes de son âge. Les garçons du village sont là; les filles ont leur propre école. Ailleurs, dans les rangs, d'autres écoles accueillent de nouvelles recrues.

À Lévis, les écoliers récitent maintenant la prière du matin que, d'habitude, chacun marmonne un peu endormi au pied du lit. Ce matin encore, au réveil, ils étaient agenouillés; maman surveillait attentivement le *Notre Père* si compliqué à répéter.

— Maman le récite avec toi pour que tu saches bien tes prières, à l'école.

— J'aime mieux le *Je vous salue, Marie*.

— On le dira après; la Sainte Vierge va prendre soin de son petit garçon, tu verras.

Quand la cloche sonne pour la récréation de dix heures, les enfants sursautent. Ils tournent la tête, tendent l'oreille, surpris, inhabitués. D'instinct, à l'écoute de bruits nouveaux, ils se consultent. Ils entendent les pas venant de la classe des grands (la deuxième année combinée avec la troisième!) et se dirigeant vers la cour. Dehors, ils hésitent à se parler. En moins de deux heures, ils ont acquis une nouvelle habitude de silence attentif. Déroutés, un peu perdus, ils cherchent à retrouver les visages connus sous tous ces habits propres et ces chemisettes neuves. Ils ne sont plus les mêmes enfants qu'hier, au parc, dans la rue, au village. Ils ne seront plus jamais les mêmes depuis que, ce matin, ils se sont assis sur les bancs de l'école. Ils commencent à s'approprier la connaissance infinie d'un nouvel univers.

— Tu te souviens, commenteront-ils dix ans plus tard, nous étions à la petite école Potvin, ensemble.

— Tu te rappelles, demanderont-ils l'année suivante, la première journée de septembre. On était assis sur le banc du côté de la rue.

— C'est mon ami, attesteront-ils demain matin en reprenant moins inquiets le corridor d'entrée.

C'est leur ami parce qu'hier, ces écoliers auront appris le prénom de leur voisin et révélé le leur. Quand on a partagé les premières heures d'un tel don, penché sur un monde inconnu découvert ensemble, des liens d'amitié s'établissent que les années futures ne pourront dénouer.

Ce fut l'un de nos brillants élèves

Septembre 1864, Alphonse Desjardins est inscrit au collège de Lévis. Depuis quatre ans, les prêtres du diocèse de Québec prolongent l'oeuvre éducatrice des Frères des Écoles Chrétiennes. Du village, de la campagne, des côtes, les enfants des petites écoles de Lévis entrent en quatrième année qu'on désigne alors comme la première année, au Collège.

Dans notre vocabulaire contemporain, l'école Potvin du village de Lévis assure le premier cycle de l'élémentaire: les trois premières années.

Louis-Georges Desjardins et son grand frère François-Xavier, à 14 et 16 ans, viennent de quitter le Collège au moment où Alphonse, à dix ans, y arrive. L'aîné a terminé les deux années du cours classique; Louis-Georges est un finissant du cours commercial[3].

Le petit frère, Alphonse Desjardins, les remplace. À son tour, il se prépare aux grands événements de ses dix ans: la communion solennelle et la confirmation. Il ignore tout des implications financières de son entrée au Collège. L'économe de l'institution connaît la situation matérielle de la famille Desjardins; il n'insiste pas sur le plein versement des redevances scolaires. L'apport précieux des premiers revenus des aînés déjà au travail, le courage de la mère qui a toujours tenu à honorer ses comptes équilibrent une comptabilité fragile. La détermination maternelle a permis aux sept garçons de la famille de fréquenter le Collège et d'y compléter les études offertes.

Les registres du Collège de Lévis conservent le souvenir chiffré du passage en ces murs de haut-savoir, de tous les étudiants. Lorsqu'un archiviste consciencieux y recherche le nom d'un ancien, comme dans nos collèges classiques d'autrefois, les épais dossiers font surface.

— Sir Lomer Gouin fut l'un de nos brillants élèves. L'honorable un tel, monseigneur X ou monsieur le juge Y ont droit au même traitement élogieux ou admiratif. La rhétorique des archivistes admet d'emblée les superlatifs lorsque les titres civils et religieux font oublier le succès réel ou relatif des adolescents d'antan. L'éclat des positions sociales éclaire d'une nouvelle lumière les pourcentages scolaires quelquefois moins brillants!

En 1954, lors du centième anniversaire de la naissance d'Alphonse Desjardins, l'archiviste du Collège de Lévis s'empresse de consulter les documents ad hoc. Monseigneur Élias Roy demeure un peu perplexe à la lecture des papiers jaunis, poussiéreux mais authentiques. Il est

---

3. L'annuaire 1864 de l'Université Laval à Québec nous permet de mieux comprendre le système scolaire en vigueur à cette époque, au Collège de Lévis. Le cours, appelé cours inférieur, commence avec notre 4e et notre 5e années actuelles. L'étudiant passe ensuite en 6e et 7e années: le cours supérieur. Dès lors, il a le choix entre deux options: la classe d'affaires (dactylographie, sténographie, comptabilité et langue anglaise) ou le cours classique. En 1864, le Collège ne dispensait l'enseignement classique qu'en Eléments et en Syntaxe. Il ajoutera graduellement les six autres années de ce cours.

un peu décontenancé pour justifier l'évocation traditionnelle. Les bulletins du «brillant ancien élève» n'autorisent guère un panégyrique enthousiaste. Tout au plus, après une consultation attentive, une vérification répétée, l'imagination et la charité aidant, l'archiviste déniche un accessit d'excellence pour juin 1868. L'élève Alphonse Desjardins s'est classé troisième lors de sa sixième année collégiale. Encore faudrait-il préciser que le centenaire de 1954 venait, en 1868, de doubler sa sixième année.

Monseigneur Roy déclare doucement: «Alphonse Desjardins termine ses études commerciales à Lévis», point. Le futur Commandeur de l'Ordre de Saint-Grégoire-le-Grand n'a jamais eu l'honneur ou le privilège de décrocher les premiers prix au Collège. Le bachelier d'Éléments-Latins, en juin 1870, a tout simplement mis fin à ses études.

Adieu Cicéron, ave Caesar!

Avoir seize ans au sein d'une famille pauvre limite les ambitions scolaires. Les Desjardins ne peuvent songer à envoyer leurs fils poursuivre leurs études à Québec. Les fils d'ailleurs s'y opposeraient: ils ont tous opté sans hésitation pour le marché du travail. Peu importent la beauté des *Catilinaires* de Cicéron et la puissance de la *Longue marche* de Xénophon, le besoin du pain quotidien, le souci d'aider la famille et de soulager le fardeau financier maternel relèguent les études supérieures au rang de valeurs inaccessibles.

L'aîné François-Xavier se débrouille déjà très bien. Il vend de l'assurance, à Lévis, pour la mutuelle L'Union Saint-Joseph. À vingt-trois ans, il deviendra l'un des meilleurs propagandistes de la Société fraternelle. Il peut s'acheter des vêtements neufs, des chemises blanches, voire même une pelisse au col fourré tout en donnant de l'argent à sa mère et des cadeaux à ses petits frères.

— Adieu Cicéron, songe Alphonse Desjardins, je ferai comme mon grand frère.

Louis-Georges, à vingt et un ans, fait carrière dans le journalisme. Venant, sortant, courant, guettant la nouvelle, fréquentant les couloirs de l'Assemblée Législative et les salons de la Haute-Ville, il est libre et indépendant. Le soir, il vient souvent à la maison en uniforme de militaire. Un bel habit de lieutenant avec boutons dorés, casquette galonnée au symbole stylisé de la Première Compagnie du 17e bataillon!

— Ave Caesar, je ferai comme mon grand frère, songe Alphonse Desjardins.

Les premières chasses à l'emploi

Alphonse Desjardins, automne 1870, célèbre son seizième anniversaire de naissance. Sa grande soeur, Marie-Clarisse, a coiffé la Sainte-Catherine depuis l'année dernière. Le père se débat plutôt mal que bien; il végète sans emploi fixe. S'il rêve encore de la terre paternelle à Saint-Jean-Port-Joli, il n'a plus aucun espoir d'y retourner. Il cache ses déceptions et ses désillusions derrière un masque d'indifférence; il ne parviendra jamais à refaire sa vie, émiettant ses espoirs et sa dignité entre divers emplois instables.

La mère dépense l'énergie de ses quarante ans au travail épuisant de femme de peine. Elle vient de donner naissance au dernier de ses enfants (Napoléon, né le 25 août 1870). Les petits jumeaux, Étienne et Joseph, ont dix ans; Albert a huit ans. Tout ce petit monde a besoin de l'appui matériel des trois grands garçons au travail et de la présence quotidienne de la soeur aînée au foyer.

À l'issue de dix années de fréquentation scolaire, l'adolescent Alphonse Desjardins ne peut s'identifier à son père, sans profession, fils de paysan têtu, simple villageois pauvre et malchanceux. Le fils ne ressent aucune révolte et ne reniera jamais ses origines terriennes et villageoises. Bien plus, il y fixe ses racines qui lui confèrent une lenteur efficace, une réflexion prolongée, un sens réaliste de l'action, une méfiance prudente. Les images de son enfance demeurent sereines, humbles et simples. Un jour quand il sera un homme à son tour, il pourra lutter contre l'exploitation de la misère puisqu'il aura vécu avec elle. Il pourra combattre l'ignorance qu'il aura côtoyée et surmonter les tentations de désespoir ou d'indifférence engendrées par la terne succession des heures et des années d'insuccès.

À seize ans, l'adolescent subit les conséquences de l'hérédité mais, consciemment ou pas, il refuse d'en prolonger la durée. Il cherche simplement sa place dans une société de travail, sans porter de jugement sur cette société ou le travail. Voudrait-il les juger, en transformer l'équation, il en serait alors incapable. L'heure viendra plus tard; elle viendra de façon éclatante, percutante et réconfortante.

Alphonse Desjardins n'a pas le tempérament d'un rêveur. Il se retourne vers ses grands frères. François-Xavier l'encourage à l'action. Il lui explique tout naturellement qu'il n'y a pas d'avenir, à Lévis, pour deux Desjardins dans la vente de l'assurance-vie. Le petit frère, d'ailleurs, ne s'y engagerait pas sans réfléchir longuement et le temps presse. Il se cherche un emploi immédiat. Ce sera plus facile et plus normal d'envisager toutes les conséquences avec quelques dollars en poche et l'assurance d'aider la famille, à la fin d'une semaine. Regardons vers d'autres perspectives acceptables, aujourd'hui!

Louis-Georges invite son petit frère à se joindre à lui; la milice canadienne est accueillante. Il y a place pour deux Desjardins et plusieurs autres, s'il le faut, au dix-septième bataillon. Les deux frères s'y retrouvent. Ce n'est pas le pactole: les soldats-civils ne reçoivent qu'une faible rémunération pour une occupation partielle. Alphonse Desjardins peut y consacrer ses loisirs et poursuivre ses recherches à la chasse d'un emploi permanent. Il louche du côté du journalisme comme son frère Louis-Georges engagé à fond dans cette carrière. À peine gradué d'Éléments-Latins, il ne peut aspirer à un poste de rédacteur mais il est prêt à se faufiler par les portes latérales: garçon de course, messager, commis, livreur. Il ne refuse rien: le budget maternel et la fierté personnelle ont besoin d'argent.

Lorsqu'à l'été 1871, le Lieutenant-colonel Casault recrute des volontaires au 17e bataillon, Alphonse Desjardins n'hésite pas. Il s'enrôle.

Une balade militaire

Le jeune homme fréquente l'arsenal québécois depuis l'année dernière. Il connaît bien les rouages militaires de la milice. L'occasion de transformer l'accessoire en permanent se présente. Desjardins la saisit.

Le 12 mai 1870, le jeune gouvernement canadien à peine jailli de la Confédération de 1867 vote une loi «ayant pour objet d'établir et de constituer le gouvernement de la province du Manitoba.» Il vient d'acquérir ces larges territoires de la Compagnie de la Baie d'Hudson. Le président du gouvernement provisoire de la Rivière Rouge, Louis Riel, a obtenu pour les nouveaux citoyens canadiens de sa province le double privilège de maintenir leurs écoles de langue française et de foi catholique[4]. Il se débat déjà avec les problèmes politiques délicats qui l'amèneront, quinze ans plus tard, à la rébellion des Métis. En 1871, Louis Riel fait appel à la solidarité des Canadiens auxquels sa province vient de se joindre; il a besoin de protection pour son gouvernement provisoire. Les dénonciations ontariennes de Dalton McCarthy et les inquiétudes des Métis oubliés lors des transactions géographiques préoccupent les autorités du jeune Manitoba[5].

Le 17e bataillon est appelé à se rendre à la Rivière Rouge.

Fidèle à ses amitiés d'enfance, Alphonse Desjardins consulte ses camarades Bernier, Guillot et Boulanger.

— On prendrait le train à l'automne, explique Romuald Bernier. Imagine le beau voyage jusqu'au Manitoba.

Les Bernier s'y connaissent en voyage. Ils furent les premiers explorateurs canadiens au Pôle Nord; cette fois les marins envahissent les continents plutôt que les mers. À seize ans, tout départ est tentateur.

— Habillé, nourri, logé, c'est mieux que s'ennuyer dans un bureau du gouvernement à deux dollars par semaine, commente Louis Boulanger. Mourir pour la patrie vaut mieux que pourrir au gouvernement!

---

4. *Article 22* — « Dans la province, la législature pourra exclusivement décréter des lois relatives à l'éducation, sujettes et conformes aux dispositions suivantes: (1) Rien dans ces lois ne devra préjudicier à aucun droit ou privilège conféré, lors de l'Union, par la loi ou par la coutume à aucune classe particulière de personnes dans la province, relativement aux écoles séparées. (2) Il pourra être interjeté appel au gouverneur général en conseil de tout acte ou décision de la législature de la province ou de toute autorité provinciale affectant quelqu'un des droits ou privilèges de la minorité protestante ou catholique romaine des sujets de Sa Majesté relativement à l'éducation. »
Article 23— L'usage de la langue française et de la langue anglaise sera obligatoire dans la rédaction des archives, procès-verbaux et journaux respectifs des Chambres de la législature...

5. « Les premières réclamations des Métis, en 1869, étaient justifiées et leur chef, Louis Riel, avait parfaitement raison de s'opposer à une prise de possession prématurée des Territoires. Au cours des marchandages entre le Canada et les propriétaires de la Compagnie de la Baie d'Hudson pour le transfert du titre de souveraineté, on n'avait pas consulté les Métis». (*Cent ans d'histoire d'un régiment canadien-français*, page 27, Éditions du Jour, Montréal 1971.)

— Qui parle de mourir? Nous avons un sergent-major avec nous. En avant les Trois Mousquetaires, D'Artagnan nous accompagne!

— D'Artagnan vous répond qu'il ne s'agit pas de guerre, précise le sergent-major Alphonse Desjardins du haut de ses galons régimentaires tout neufs et de ses dix-sept ans tout récents. C'est une balade de protection. L'arrivée de notre bataillon va calmer l'excitation des Métis.

Le 17 octobre 1871, inconscients des implications politiques de cette marche de bataillons canadiens au Manitoba, les quatre amis quittent Québec en train. Comme le jeune sergent-major du 17e bataillon, Bernier, Boulanger et Guillot entreprennent leur premier voyage hors-les-murs: leur baptême de terre militaire!

— Ave Caesar, qui morituri te salutant!

— Tu parles anglais?

— C'est du latin de Tite-Live: salut César, ceux qui marchent à la mort te saluent.

La longue marche (hors du train!) ne fut guère mortelle puisqu'aucun coup de feu ne fut tiré et que tous revinrent à Québec, les semelles un peu moins neuves. La durée d'un aller-retour inutile et peu impressionnant qui n'apaisa rien mais permit aux politiciens de faire pourrir le problème quelques années. Au printemps 1872, le 17e bataillon range son drapeau vierge dans la naphtaline. Les Trois Mousquetaires, candidats volontaires à la mort romaine, se retrouvent dans leurs vêtements civils québécois. C'est la fin d'une petite balade militaire.

Le sang bleu de deux frères

— «Et maintenant que vais-je faire», se demande Alphonse Desjardins, troquant le langage militaire pour le style chansonnier.

— Tu devrais rencontrer Belleau, conseille Louis-Georges à son frère. Il rédige *L'Écho de Lévis*[6].

— Je préférerais travailler à Québec avec toi.

— Laisse-moi le temps de m'organiser, ici. Il est possible que j'achète un journal; j'étudie l'affaire.

— Tu veux devenir propriétaire d'un journal?

— Pas demain matin mais un jour prochain, j'espère bien. D'ici là, prends de l'expérience chez Belleau et tu pourras me rejoindre plus tard. On travaillerait alors ensemble.

Alphonse Desjardins suivit le conseil de son frère Louis-Georges. Il alla rencontrer Isidore-Narcisse Belleau, rédacteur en chef du quotidien lévisien de Lizotte et Poitras. Il entre au journal qui paraît les lundi, mercredi et vendredi de chaque semaine. Il y fait ses premières armes locales.

«La cause de Lévis sera notre cause, ses intérêts seront les nôtres et rien de ce qui peut contribuer à son progrès matériel, moral et intellectuel nous sera étranger» peut-on lire dans le premier éditorial de *L'écho de Lévis*.

Durant ces quatre années d'apprentissage de son jeune frère Alphonse, Louis-Georges Desjardins concrétise ses rêves et devient propriétaire du *Canadien* à Québec. Il en confie la rédaction et la direction à Israël Tarte. Lorsque *L'Écho de Lévis* disparaît, Alphonse Desjardins entre au *Canadien*.

À 21 ans, Alphonse Desjardins travaille dans l'ombre de son frère aîné qui prépare son éventuelle carrière politique. Pour le moment, les deux jeunes «turcs» s'initient

---

6. Isidore-Narcisse Belleau, avocat, fut député de Lévis au Parlement canadien, maire de Lévis et juge à la Cour Supérieure. Il a été rédacteur en chef à *L'Écho de Lévis* dès la fondation, le 15 avril 1871. Le journal fut publié du 24 avril 1871 au 12 juillet 1876. Alphonse Desjardins y travailla du printemps 1872 à l'été 1876.

plutôt aux mystérieux rouages d'un parti au pouvoir. Le sang bleu de Louis-Georges Desjardins, futur député provincial de L'Islet, futur député fédéral de Montmagny, déteint sur celui d'Alphonse qui marche dans les mêmes foulées conservatrices.

À l'automne 1870, année d'élections provinciales, deux candidats s'affrontent dans le comté de Lévis. L'honorable docteur Joseph-Goderic Blanchet, ministre du premier cabinet de Sir Charles de Boucherville (1874-1878), a son château fort conservateur à Lévis. Un exilé lévisien de retour de Chicago, «avocat sans fortune et pauvre poète endetté» rêve de s'asseoir sur le siège du député de Lévis: Louis Fréchette, Libéral.

Le sang bleu des deux frères Desjardins devient pourpre, cramoisi, bourgogne, violet. Vaillants protecteurs des droits conservateurs des citoyens, ils n'ont que faire d'un poète et de... la légende d'un peuple. Ils entrent dans la mêlée, pourfendent l'audacieux adversaire de leur ministre-député. Chroniques au journal, discours à la tribune, présences aux comités, tout l'arsenal des grandes manoeuvres électorales. Le 19 octobre 1878, sur les estrades d'honneur du Comité central, les deux frères heureux célèbrent la victoire de leur honorable député.

— On ne peut gouverner un peuple avec des poètes, disaient les malins. Ils ignoraient que Léopold Sédar Senghor deviendrait un jour président du Sénégal!

Pour le moment, le grand frère peut maintenant allonger sa foulée personnelle et aspirer à un mandat électoral à son tour. En 1879, le petit frère Alphonse Desjardins s'engage, à petits pas, sur une voie nouvelle.

CHAPITRE III

Le prix de la vérité
(1879-1890).

De la table de rédaction à la cueillette des nouvelles, des falaises de Lévis aux ruelles de Québec, le jeune journaliste acquiert confiance et expérience, âge et savoir-faire. Il redresse sa mince échine déjà longue. Plus sûr de lui, il marche toujours aussi lentement mais la tête haute, les yeux fixés vers l'avenir.

Les profils du dix-neuvième siècle

Les coiffeurs et les couturiers de notre époque reviennent avec plaisir et succès à la mode rétro. Les albums de famille et les vieilles lithographies nous ont familiarisés avec le profil de nos ancêtres, à la fin du dix-neuvième siècle. En feuilletant nos premiers manuels d'histoire, on a vite découvert les grandes images nationales des Pères de la Confédération. Têtes en panache de mouflon, longues barbes patriarcales, redingotes aux larges basques flottantes, lavallières truffées de diamants réels ou en toc, ils ont grande allure autour d'une table aussi grande que leurs rêves et leur pays. Les grandes immigrations vers les coulées de l'or au Lac Supérieur et au Yukon ont fait fleurir les anneaux dorés aux annulaires mâles, les épingles précieuses aux cravates larges.

À même ses premiers revenus de journaliste, Alphonse Desjardins prend soin de sa tenue vestimentaire. Habitué très jeune à ne disposer que d'une garde-robe rudimentaire, entraîné par la force des circonstances à prendre un soin particulier de la propreté impeccable de ses quelques vêtements, ayant souvent hérité des habits ou des manteaux portés par ses grands frères, le jeune travailleur choisit attentivement et méticuleusement ses premiers achats personnels. Il transpose dans sa vie de jeune homme ses habitudes enfantines de propreté et d'économie. Une pièce de tissu plus durable et résistante que flamboyante convient davantage à ses goûts. Bien ordonné en tout point, il laisse percer jusque dans le choix et l'agencement de ses cravates son souci de la distinction.

Nos grands-parents ont rarement sacrifié leur bon sens naturel aux passagères fantaisies de la mode, aux ersatz trompeurs de la publicité moins fracassante qu'aujourd'hui mais déjà présente un peu partout. Les caprices de la teinture n'ont pas encore envahi les établis des tailleurs: les tissus du dix-neuvième siècle sont bleu marine et noirs. La redingote et la jaquette sont de mise sous les pelisses à doublure fourrée; les favoris et les gibus ont droit de parade. Alphonse Desjardins, comme les jeunes hommes de sa génération, paie son tribut vestimentaire à la fascinante tenue du dix-neuvième siècle.

La messe de sept heures, c'est moi qui l'ai payée

À la maison des Desjardins, les choses changent lentement au cours de ces vingt premières années de la vie du jeune journaliste. La mort de François Roy dit Desjardins, en janvier 1875, accélère ces changements. Les aînés se sont mariés un à un pendant la maladie du père et vont établir leur foyer à Québec, à l'Islet. Ils cèdent la place aux plus jeunes qui grandissent. Les deux derniers enfants, Albert (11 ans) et Napoléon (9 ans) bénéficient d'une jeunesse plus aisée grâce au travail des grands. Même Marie-Clarisse, à 31 ans, peut respirer un peu.

Retenue à la maison durant trois décennies, avec sept frères autour de la table, elle songe à sa propre vie dès la mort du père. Un mois après l'enterrement, en février '75, elle épouse Anthime Saint-Laurent et s'installe à Lévis dans une maison plus tranquille.

Les petits jumeaux ont terminé leurs études au Collège. Ils pourraient, pour la première fois dans l'histoire familiale, penser un instant à fréquenter l'Université; il faudra qu'une autre génération vienne pour que l'idée soit naturelle. Étienne Desjardins entre au gouvernement fédéral, à Ottawa; Joseph devient commis à la bibliothèque du Parlement provincial de Québec. Comme leurs aînés, ils prélèvent quelques dollars sur leur salaire hebdomadaire pour aider au budget maternel. Le père est mort, à 65 ans, mais la mère est encore jeune, à 47 ans.

Au milieu de ses cinq garçons (Louis-Georges et François-Xavier mariés), Claire Miville-Deschênes Desjardins peut maintenant appréhender l'approche de la cinquantaine avec moins d'anxiété. La petite fille de quinze ans qui s'était mariée pour «le meilleur ou pour le pire», en 1843, a enfin droit à sa part d'un meilleur partage. Elle n'a pas renoncé pour autant à sa sévérité tempérée de douceur, à son ardeur courageuse et à sa grande honnêteté morale. Accueillie chez ses beaux-parents comme une servante en surplus à Saint-Jean-Port-Joli, perdant une à une les illusions de sa naïve adolescence, elle surveille maintenant les fréquentations de ses grands garçons. Elle s'assure avec intransigeance que ses brus échappent à tout reproche, que ses fils respectent les principes moraux de la foi qu'elle leur a inculquée.

Septembre 1879, un matin semblable à celui de septembre 1860 lorsque la mère et l'enfant se préparaient à la première journée d'école. Il y a un grand branle-bas dans la maisonnée.

— Ne range pas ton habit propre. Je m'en occupe. Il sera prêt quand je reviendrai de la basse-messe.

Ce deux septembre de la vingt-cinquième année d'Alphonse Desjardins est aussi solennel que celui de la sixième année. Très tôt dans la maison, la mère s'est levée. Son visage et ses mains sont un peu plus ridées, ses gestes plus lents et ses jambes moins souples mais le coeur bat au même rythme qu'autrefois: les mères regardent leurs enfants avec leurs yeux de jeune épouse. Leurs grands garçons, même à vingt-cinq ans, demeurent les petits qu'elles ont élevés et qui ont encore besoin d'elles.

Il faut que tout soit beau et prêt pour «le petit». La maison reluit partout car Claire Roy-Desjardins s'y entend en propreté! Dans une heure ou deux, les «grands» vont arriver: François-Xavier et sa femme Lina, Louis-Georges et sa femme Marie-Aurélie. Marie-Clarisse et Anthime sont déjà rendus.

— Tu diras à tes frères de passer au salon et de m'y attendre, moi, je vais à la basse-messe, explique la mère à sa fille aînée.

— Mais maman, nous allons tous à l'église ensemble à neuf heures.

— Il faut que j'assiste d'abord à la basse-messe de sept heures. J'ai promis au bon Dieu de prier pour le bonheur d'Alphonse.

— Tu n'as pas besoin d'entendre deux messes. Assis-toi tranquille ici, tu peux même réciter ton chapelet pour Alphonse…qui dort encore.

— La messe de neuf heures, c'est Alphonse qui la paie; celle de sept heures, c'est moi qui l'ai payée et je peux demander ce que je veux au bon Dieu. À neuf heures, ce n'est pas pareil, le bon Dieu écoutera ton frère.

En ce matin du deux septembre 1879, toute la famille Desjardins est réunie à l'église paroissiale: Alphonse et Dorimène Desjardins viennent d'y célébrer leur mariage.

— Le bon Dieu est bien bon, pense la mère. Les enfants sont beaux! Si seulement leur père était ici pour les voir!

L'oncle Thériault remonte l'horloge

Les jeunes mariés du matin s'étaient rencontrés l'année précédente. Passagers du traversier joignant Lévis à Québec, ils s'étaient reconnus sur le perron de l'église Notre-Dame. Après la grand messe, les voisins s'attardaient sur le perron de l'église pour échanger les nouvelles. La jeune fille qui accompagnait son oncle Jean Thériault n'était pas passée inaperçue. Venue de Sorel rendre visite à cet oncle, Dorimène Desjardins fut présentée à la famille. Une fois ces présentations terminées, les jeunes gens peuvent s'adresser la parole; ils ne sont plus des «inconnus».

Marie-Clara Dorimène Desjardins et le jeune journaliste de vingt-quatre ans se fréquentèrent durant toute une année. La jeune fille et son oncle remarquèrent bien vite l'assiduité du jeune homme au salon familial. Les deux familles surveillèrent ces fréquentations avec sévérité et se renseignèrent sur la «cause».

C'était un vieux dicton que nos propres parents n'ont pas oublié: les jeunes gens doivent se rencontrer et se fréquenter pour «la bonne cause». Les biographes d'Alphonse Desjardins s'en sont souvenus lorsqu'ils ont décrit les réactions des deux familles.

Tout se passait bien aux yeux de l'oncle. Alphonse ne faisait pas veiller la jeune fille trop tard. Un point important aux yeux de l'oncle Thériault. Onze heures venues, disait-il, c'est l'heure pour les honnêtes gens de se coucher et de mettre le chien dehors. Aussi l'oncle entrait-il au salon et regardait alors la vieille horloge grand-père. Elle se remontait à gauche et à droite. Le visiteur ne manifestant aucun signe de départ, le chaperon remontait l'horloge à gauche, attendait la réaction. Avant que la clé soit introduite à droite, le temps paraissait venu pour le jeune homme au salon de se lever et de se retirer.

Un soir, l'oncle Thériault remontait le premier côté lorsqu'on frappa à la porte. Il interrompit son travail et sortit du salon. Alphonse s'était levé pour partir mais une impulsion l'envahit.

— Dorimène, voulez-vous m'épouser?

— Vous savez bien que oui, Alphonse.

La voisine venue emprunter du sucre pour le déjeuner du lendemain s'en alla. L'oncle revint au salon terminer la remontée de l'horloge.

— Nous pourrions demander à monsieur le curé de célébrer le mariage en septembre. Je connais une petite maison où nous pourrions vivre avant de bâtir notre propre maison.

— Et nous aurions sept garçons comme chez vous.

— On verra bien; il faudrait aussi des filles!

Écouter, noter, imprimer

Le jeune couple s'installe à Lévis. Fille de Joseph Desjardins (sans lien direct de parenté avec les Roy dit Desjardins) et de Rosalie Mailhiot, Marie-Clara Dorimène Desjardins est née à Sorel. Sa famille emménage plus tard à Lévis. Les nouveaux mariés y élèveront leurs quatre filles et six garçons.

De l'autre côté du fleuve, sur la colline parlementaire que le jeune époux fréquentera durant onze ans, l'Assemblée Législative vient de voter des subsides annuels de cinq mille dollars pour l'impression des débats parlementaires. Alphonse Desjardins entre en fonction un mois avant la session d'automne 1880. Reconnaissance des services politiques rendus au député de Lévis, Goderic Blanchet? Discrète mais efficace intervention du grand-frère Louis-Georges, coulissier conservateur? Deux hypothèses vraisemblables qui n'enlèvent rien aux qualités du candidat habilité à la tâche.[7]

Chaque jour de la session provinciale, l'éditeur des débats de la Législature de Québec quitte à pied son domicile lévisien, emprunte le traversier, grimpe lentement la côte de l'Évêché, contourne le palais cardinalice, gagne la rue d'Auteuil et pénètre au Parlement. Tard le soir, il parcourt le même chemin en sens contraire. Durant la journée, il écoute les sérieuses discussions, les savants exposés, les éloquents plaidoyers. Quelquefois, sans broncher, il doit aussi prêter l'oreille aux cocasses interventions et curieuses élucubrations des ministres et députés de l'honorable assemblée.

Incliné sur son pupitre, crayons taillés et rangés devant lui, tablettes à portée de la main, l'auditeur attentif transcrit les discours en sténographie. Les yeux abaissés sur ses feuillets, levant à l'occasion le regard pour associer l'orateur et la phrase à noter, Alphonse Desjardins traduit toutes les paroles en minuscules sténogrammes. La séance terminée ou ajournée, suspendue ou levée, il gagne son bureau, allume un pipe, étire les bras, feuillette sa tablette. Au besoin, il peut consulter un député, un ministre, vérifier le sens d'une intervention. Plus souvent qu'autrement, il doit se fier à son propre jugement et à sa transcription: les intervenants ont déjà oublié leurs grandiloquentes improvisations.

Les consulterait-il que ces messieurs seraient eux-mêmes étonnés de leurs propos. Ils les découvriront, avec surprise très souvent, dans l'édition officielle des Débats.

---

7. Relire Vaillancourt et Faucher, ouvrage cité, manuscrit page 11: «Alphonse Desjardins cherche un nouvel emploi que des amis politiques allaient en quelque sorte créer pour lui à la mesure de ses aptitudes.»

La transcription terminée, le résumé commence. Les débats d'alors n'étaient pas publiés in extenso. Élaguer, simplifier mais en donner un compte rendu fidèle demeure la responsabilité de l'Éditeur. Desjardins prépare un texte à l'intention des imprimeurs. Il doit contrôler la correspondance du manuscrit avec ses notes sténographiques et comparer le résultat final imprimé. Ordonné, soucieux d'une précision absolue, inquiet d'une ponctuation reliée uniquement à la respiration et à l'intonation du débit des orateurs, l'éditeur relit chaque phrase, scrute chaque mot. Aucune fantaisie possible, aucune partialité acceptable; il faut que le texte corresponde à l'esprit et aux mots des honorables et susceptibles membres de l'auguste assemblée. Durant onze ans, session après session, Alphonse Desjardins s'astreint méticuleusement à cette rigueur intellectuelle et linguistique.

Les premières joies familiales

À la Sainte-Anne, le 26 juillet 1880, Dorimène Desjardins donne à son mari leur premier enfant, Raoul. Au lendemain de la Saint-Charles-Borromée, le 5 novembre 1881, elle lui présente leur première fille, Anne-Marie Mercédès. L'année suivante, le sept octobre 1882, le deuxième garçon, Edgar, vient au monde.

Les jeunes mariés sont heureux: trois enfants en santé. Ils songent quelquefois à leur propre enfance tissée de deuils nombreux, à la disparition inquiétante et hâtive de bébés presque morts-nés. Ils guettent au bord du berceau les premiers sourires et les premiers gestes des nouveaux-nés.

— Il a la bouche et le menton de son père.

— Oh mais son nez ressemble au mien.

— Je mesurais vingt-deux pouces à trois mois.

— Il grandira bien assez vite!

Dans le silence et le calme des soirées lévisiennes, les petits endormis, la mère brode sous les reflets de la lampe à pétrole, le père lit le journal du jour. Quelle différence avec sa propre enfance alors que les parents assommés par le poids du jour se hâtaient de s'endormir. Autour de la table du salon, le couple échange des propos, décrit des espoirs et, vieille habitude enracinée, note dépenses et déboursés.

Un soir, tout souriant et nerveux, le jeune père de famille entre à la maison, d'un pas plus rapide. Alphonse Desjardins vient d'acheter un terrain à Lévis.

— J'ai signé les papiers chez le notaire; le lot nous appartient.

Ils en avaient parlé au temps de leurs fréquentations en '78; ils en avaient rêvé avant la naissance de Raoul. Ils en avaient discuté à l'arrivée de Mercédès. Tous les calculs avaient été vérifiés pendant qu'Edgar s'annonçait. Maintenant, c'était chose faite.

À l'angle des rues Guénette et Blanchet, les travaux peuvent commencer; les plans sont tracés parce qu'Alphonse et Dorimène Desjardins les ont préparés depuis des mois. Le contracteur a reçu un devis pour une grande maison de neuf pièces, à deux minutes de marche de l'église paroissiale, à cinq minutes du collège de Lévis.

Le contracteur ne parvient pas à parachever la maison. Maniant la scie et le marteau, Alphonse Desjardins finit lui-même le travail. Faisant appel à ses frères qui viennent l'aider, à Napoléon particulièrement qui s'improvise excellent menuisier, ralliant ses amis qui se trouvent des talents de peintre, de plombier ou de journalier, l'éditeur troque le crayon pour le tournevis, la sténographie pour l'architecture. Les gouttières et les combles peuvent attendre, pas la famille qui s'y installe. Durant les intervalles prolongés entre deux sessions, Alphonse Desjardins finit sa maison.

Les années filent rapidement. L'aîné atteint déjà l'âge scolaire. Automne '86, Alice a deux ans, Georges naît, les autres suivront. Six bouches à nourrir avec la naissance d'Adrienne, le dix-huit janvier 1888; trois garçons, trois filles d'un jour à huit ans.

Non monsieur, je ne peux rien y changer!

— Le Premier ministre désire vous parler immédiatement, dit le page au responsable de l'impression des Débats.

— J'arrive.

Dans son bureau du Parlement, Alphonse Desjardins dépose lentement son crayon. Une telle invitation est chose courante. Durant onze ans, bien des ministres et des députés sont venus le voir ou l'ont prié de leur rendre visite. Chaque fois, c'est la même déclaration, le même scénario.

Pour l'Orateur, il s'agit d'un changement d'horaire à l'Assemblée; pour le Chef du protocole, d'une visite étrangère, un autre discours à noter. Pour l'Opposition, de questions de privilèges à intervenir; pour le Gouvernement, de projets de lois à déposer ou d'ajournement prolongé. Pour les autres, généralement une surprise déconcertante à la lecture de leurs paroles imprimées.

— Vous êtes sûr qu'il s'agit bien de moi? Il ne m'a pas semblé avoir participé ainsi au débat.

— Vous permettez? Le temps de contrôler dans mon carnet de notes. Je corrigerai avec plaisir si je me suis trompé.

La formule traditionnelle et classique est polie, élégante; l'intention n'y est pas. Desjardins n'est pas un diplomate: la souplesse et le servilisme n'ont jamais été inoculés à son bras. Le député ou le ministre jette un coup d'oeil intéressé au carnet que l'Éditeur lui présente.

— Qu'est-ce que ce charabia?

— Voyez ici, monsieur, un demi-cercle et un long trait oblique, une boucle vers le haut et un bref tiret horizontal. Vous êtes intervenu dans le débat à ce moment-là; ce sont vos paroles. Je regrette, monsieur, je ne peux rien changer.

— Mais ma phrase n'a aucun sens. J'ai belle allure, moi, à prononcer de telles idioties. Vous n'auriez pas pu les corriger un peu? Me faire dire quelque chose qui ait du bon sens? L'Opposition a beau jeu pour se moquer de moi avec vos mots imprimés. Vous devriez arrondir les angles de vos caractères.

— Le mien n'a rien à voir à vos déclarations et ceux de l'imprimeur les reproduisent avec exactitude.

— Au prix qu'on vous paie, vous pourriez faire preuve de compréhension.

— On me paie pour transcrire et publier les débats, non pour les faire ou les améliorer.

Onze années d'audition, de transcription, de contrôle perfectionnent une technique, aguerrissent un technicien chevronné. Lorsque, en plus, l'homme sûr de son métier et de lui-même a la tête dure de Desjardins et son intransigeant respect de la vérité, aucun député ou ministre ne peut lui faire modifier le sens de ses mystérieux sténogrammes.

— Je n'invente rien, je résume et je publie.

S'il y a vraiment erreur, oubli ou contresens, la nature humaine y est encline, Desjardins s'empresse de donner raison à son interlocuteur.

— Vous avez raison. Je présente un correctif immédiat dans la prochaine édition. La vérité n'a pas deux sens. Acceptez mes excuses.

L'acceptation est rare parce que les erreurs peu fréquentes.

Depuis l'ouverture de la présente session, en 1890, le gouvernement est nerveux. Le lieutenant-gouverneur

Angers suspecte un détournement dans les subsides du chemin de fer de la Baie des Chaleurs. L'affaire Pacaud éclatera bientôt.[8] Le Premier ministre Honoré Mercier est sur les dents.

Il accueille Alphonse Desjardins très froidement.

«La raison du plus fort est toujours la meilleure».

La rencontre ne traîne pas en longueur. L'honorable premier ministre n'ignore pas les tendances politiques des Desjardins. Dans la circonscription de l'Islet, Louis-Georges Desjardins ne cache pas son intention de briguer les suffrages (et de fait, en mars 1891, viendra siéger à l'Assemblée Législative à titre de député et membre du parti conservateur).

— Vous ferez imprimer ce texte dans le prochain journal des Débats et publierez le correctif ci-joint. Je ne me

8. L'affaire Pacaud est reliée au scandale fracassant de la Baie des Chaleurs. En 1890, Ernest Pacaud est alors trésorier du parti libéral que dirige Honoré Mercier.

Le gouvernement a confié les travaux de construction d'un chemin de fer à une compagnie qui emploie l'entrepreneur Armstrong, en vertu d'un contrat officiel. Les travaux n'avancent pas au gré du gouvernement. Mercier propose de dissoudre la compagnie contractuelle. Le trésorier du parti libéral sert d'intermédiaire entre la compagnie d'Armstrong, le gouvernement provincial et une nouvelle compagnie, Cooper-Thom, qui assumera la complétion des travaux nécessaires.

L'affaire réglée, l'entrepreneur Armstrong présente à la province une réclamation de $175,000. Le gouvernement accepte la réclamation et la paie au complet, en 1891. L'Opposition suspecte la transaction, alerte l'opinion publique, accule le gouvernement au mur et le force à nommer une commission royale d'enquête. Les commissaires établissent que l'entrepreneur Armstrong a gonflé sa réclamation, conservant $75,000 pour sa compagnie et versant $100,000 au trésorier du parti libéral Ernest Pacaud. Le lieutenant-gouverneur Angers révoque immédiatement le cabinet Mercier et prie Charles de Boucherville de former un nouveau ministère. Aux élections de mars 1892, le parti libéral d'Honoré Mercier est battu. (Lire *Mercier*, collection du Zodiaque, Montréal 1935, Robert Rumilly.)

souviens pas d'avoir prononcé les paroles que vous m'attribuez, du moins pas selon la formule que vous avez laissé imprimer. Le gouvernement ne vous paie pas pour publier vos impressions mais pour rapporter nos paroles exactes. J'ai rephrasé mon idée, la voici.

L'Éditeur ne sourcille pas. Il a compris les allusions mais n'accepte pas l'ordre. Personne n'a le droit de douter de son impartialité quand il autorise la publication d'un rapport. La main tendue du Premier ministre et le texte révisé surplombent le pupitre du Chef de l'État. Qu'elle le surplombe! On peut s'appeler monsieur l'honorable Honoré Mercier, commander tout le cabinet des ministres, gouverner des milliers de citoyens, on n'impose pas de changements au journal des Débats sans passer par l'étape essentielle de vérification.

— Puis-je consulter mon carnet? Je publierai le correctif avec plaisir si...

— Je n'ai que faire de vos si, Desjardins, je vous dis d'insérer le texte suivant que j'ai moi-même rédigé et vérifié.

— Quand avez-vous l'intention de prononcer ce texte en Chambre, monsieur le Premier ministre?

— Je le prononcerai au tout début de la séance, dans une heure.

— Il paraîtra in extenso dans la prochaine édition; je le publierai avec plaisir à titre de nouvelle intervention.

— Qu'est-ce que ce plaisir à retardement? Vous allez me faire le simple plaisir de prendre ce texte et d'annuler le précédent qui ne correspond qu'à votre imagination personnelle. Voilà.

La scène s'est-elle déroulée ainsi? Il faudrait qu'un mémorialiste l'ait vue ou racontée, qu'un rapporteur l'ait notée en sténographie. L'auteur s'improvise ici rapporteur. S'il a romancé le dialogue, il s'en est tenu à l'esprit des faits.[9]

Les deux seuls témoins de l'incident s'en tiennent eux aussi à leurs faits. Le Premier ministre exige une modification; le rapporteur requiert une vérification. Aucun n'accepte la demande de l'autre. L'entrevue prend fin; la carrière de Desjardins aussi.

De retour à son bureau, l'Éditeur consulte immédiatement ses tablettes de notes, relit la version originale et le manuscrit approuvé. Il n'y a rien à changer, Mercier a prononcé les paroles imprimées; Desjardins n'a rien inventé.

De retour à son fauteuil, Honoré Mercier regarde le texte refusé, relit la version imprimée. Il faut tout changer: la phrase originelle ou le rapporteur trop fidèle!

Les deux antagonistes laissent filer la journée. Mercier prononce son petit discours et y insère le correctif. Desjardins écoute, note et se prépare à imprimer. La tempête semble s'éloigner.

Quand le tonnerre a grondé, c'est que l'orage s'achève. Pour le Chef du gouvernement, le soleil doit maintenant reluire. Il s'agit tout simplement de chasser les nuages. Mercier n'hésite pas. S'il coupe les subsides, il n'y aura plus d'impression de débats, s'il n'y a plus d'impression de débats, il n'y a plus besoin de Rapporteur à l'Assemblée Législative.

Aussitôt pensé, aussitôt décidé. Les députés libéraux en caucus comprennent le sens de la décision. L'Assemblée Législative sanctionne la proposition du Premier

9. Voir Vaillancourt et Faucher, ouvrage cité, page 11 du manuscrit: « C'était beaucoup demander au rapporteur qui n'était pas toujours souple dans ses procédés(...). Le sténographe pouvait affirmer au Premier ministre qu'il avait dit ceci ou cela; en ce genre d'affaires, les scribes ont beau argumenter, ils ont toujours tort.» Cyrille Vaillancourt s'y connaissait en matière de procédés parlementaires, il a été Vice-Président de la Chambre Haute au Parlement d'Ottawa.

ministre et relègue l'intransigeant Rapporteur au simple rang d'anonyme chômeur.

Le chômeur éloigné, les impressions des Débats suspendues (sans publication du correctif!), le Parlement autorise de nouveaux subsides et accepte un nouveau Rapporteur (qui publie le correctif!). Ironie du sort, après la défaite électorale d'Honoré Mercier, deux ans plus tard, le grand frère Louis-Georges Desjardins assumera l'impression des Débats! La carrière de fonctionnaire provincial d'Alphonse Desjardins est terminée pour toujours.

CHAPITRE IV

Un combat de trois mois (1891)

Réduit au chômage, Alphonse Desjardins demeure logique et fidèle à lui-même. Il connaît à fond les problèmes d'imprimerie; il demeure dans sa ligne de compétence. C'est d'ailleurs un trait permanent de son caractère. L'homme est réaliste et n'a aucune ambition engendrée par l'envie, le rêve ou les illusions. Il réfléchit, demeure dans la foulée de l'action qu'il peut lui-même entreprendre et mener à terme. En deux circonstances au cours de sa vie, il franchira les limites personnelles, attiré par l'embrasure extérieure. Il échouera une première fois et ne s'obstinera pas, revenant à la réalité (l'absence de capitaux nécessaires à la survivance du quotidien qu'il a fondé). Il échouera une seconde fois, n'en parlera jamais plus et conservera pour lui-même l'espoir déçu (la nomination au Sénat). Lorsqu'il s'obstinera au service des êtres humains et non à son service personnel, il triomphera de tous les obstacles nombreux et difficiles, mais l'heure de fonder les Caisses populaires n'est pas encore arrivée, en 1891.

Illusion ou conviction?

Encore sous l'impact de la colère, encouragé par des partisans politiques conservateurs opposés aux opinions de Mercier, négligeant d'envisager toutes les implications éventuelles (surtout la rentabilité à court terme d'un journal quotidien), confiant qu'il triomphera par le travail et la détermination des difficultés qu'il prévoit mais recule à long terme, fort d'une expérience pratique des métiers de journaliste et d'imprimeur, Desjardins se lance à fond dans une aventure, dans un combat de trois mois.

Il s'illusionne un peu sur les motifs qui l'incitent à fonder son propre journal. Pas nécessairement une illusion personnelle puisque l'homme a conscience des difficultés que son sens de la réalité et de l'action lui permettent de déceler. Illusion sur la force et la permanence des appuis extérieurs; illusion sur l'implication d'un parti politique où, trop souvent en se leurrant eux-mêmes, des hommes de bonne foi sont enclins à profiter des efforts des autres pour promouvoir les causes qu'ils utiliseront à leur bénéfice sans se soucier des victimes sacrifiées. Tous les partis politiques au monde préfèrent accorder des récompenses à leurs partisans à même les postes que le Pouvoir permet d'attribuer au nom du gouvernement; peu de partis politiques acceptent de soutenir, à même des investissements répétés et renouvelés pris à même les caisses du parti, des journaux et des hommes. L'argent d'un parti doit servir à la prise du pouvoir, à l'élection de députés. Les partisans trop naïfs pour comprendre cette vérité sont vite éliminés des préoccupations de la haute intelligentsia politique. Ils résistent un temps et disparaissent. Les hommes se succèdent et meurent: les partis triomphent et se remplacent.

Alphonse Desjardins risqua l'aventure avec honnêteté; il était perdant au départ!

La défense du Canada

Le neuf juillet 1891, l'ancien journaliste du *Canadien* et Rapporteur des *Débats* fonde son propre journal quotidien, *L'Union Canadienne*.

En épigraphe, il inscrit la devise « Franc et Sans Dol » qu'il complète avec ses convictions: « Avant tout, soyons

Canadiens». La devise est un programme et un idéal, elle est aussi un leitmotiv politique de combat que le parti conservateur a mis de l'avant pour contrer les thèses autonomistes de Mercier et enrayer l'émigration américaine.

Le nouvel éditeur-propriétaire installe les bureaux du quotidien rue Éden, dans la maison qui abritera quinze ans plus tard les locaux de la Caisse populaire de Lévis. Son frère Louis-Georges s'intéresse au projet. Il signera plusieurs articles. D'un commun accord, les deux frères et confrères ont choisi un nom évocateur de leurs idéaux. « Bien au-dessus de toute autre se pose cette question: la confédération des provinces de l'Amérique du Nord, *l'union canadienne* doit-elle durer, doit-elle rester unie au grand empire qui depuis plus d'un siècle nous a abrités de son glorieux et puissant drapeau? Ou bien le Canada est-il destiné à être fatalement entraîné à perdre son autonomie avec l'annexion à la République voisine?»[10]

À l'été de 1891, en même temps que paraissent les premiers numéros du nouveau quotidien, le gouvernement fédéral se ressent des rapides successions à la tête du parti conservateur. Sir John Macdonald vient de mourir en juin. Tour à tour, sir John Abbott, sir John Thompson et sir Mackenzie Bowell essaient de résister à la vague libérale qui s'étend à tout le Canada. En fait, sir Charles Tupper devra éventuellement céder le pouvoir, en 1896, au jeune libéral Wilfrid Laurier.

Pour le moment, Sir John Abbott, successeur de John A. Macdonald, dénonce violemment ses adversaires libéraux. Il leur prête le dessein d'unifier l'Amérique en laissant le Canada s'annexer aux États-Unis. Le prêt est gratuit!

La campagne électorale s'ébranle sous le thème conservateur de *Loyauté pan-canadienne*. Les grands

---

10. *L'Union canadienne*, éditorial du 9 juillet 1891.

ténors *tories* clament leur anti-annexionisme sur tous les tréteaux du pays. Ils dénoncent l'émigration des fermiers des Prairies et des cultivateurs du Québec vers les terres plus fascinantes des États-Unis. (Hors de toute clameur partisane, c'est un fait historique: des milliers de Canadiens traversent la frontière, attirés par l'industrialisation naissante et les salaires tentateurs de la Nouvelle-Angleterre. En cette dernière décennie du dix-neuvième siècle, la Société des Artisans de la Cité de Montréal, par exemple, ira fonder une douzaine de locales américaines pour répondre aux besoins d'assurés québécois émigrés dans les États de la Nouvelle-Angleterre).

Desjardins participe à cette campagne. Nationalisme naturel ou opportunisme politique? Sûrement pas absence d'idéal profond.

«Nous prenons place dans la presse militante pour la défense des idées et des principes qu'en toute conscience, nous croyons les plus justes, les plus vrais et les plus propres à faire la prospérité et le bonheur de notre pays. Nous y entrons indépendants des hommes et avec la volonté ferme de n'obéir qu'à la voix du devoir et de suivre la voie honorable et droite indiquée par les principes sûrs qui doivent partout et toujours servir de base au bien public.» [11]

Avec conviction, éloquence (teintée de stylistique un peu grandiloquente), Desjardins expose jour après jour les principes qui l'animent. Fidèle à la pensée des Pères de la Confédération, il prône ardemment l'unité canadienne, l'intégrité du territoire national, la loyauté à la couronne britannique, l'indépendance totale à l'égard du jeune et riche voisin américain.

---

11. Premier éditorial d'Alphonse Desjardins, *L'Union canadienne*, 9 juillet 1891. Archives de la Fédération de Québec des Caisses populaires Desjardins, Lévis.

Ce combat quotidien, au plan fédéral, se double d'escarmouches provinciales.

«Le zèle de reptile»

Prenant le pouvoir en janvier 1887, Honoré Mercier avait galvanisé l'électorat québécois avec son leitmotiv d'autonomie provinciale. Pour deux motifs bien logiques et pertinents, Desjardins ne porte pas Mercier dans son coeur. Au plan personnel, le Premier ministre du Québec a fait couper les subsides gouvernementaux au responsable de la publication des débats. Il a surtout laissé planer un doute sur l'intégrité intellectuelle d'un homme qui a servi l'État durant onze ans, avec compétence et loyauté. Au plan politique, les conservateurs fédéraux qui prônent l'unité canadienne n'apprécient guère les théories provinciales de libéraux autonomistes. Desjardins qui s'est volontairement tu durant onze ans a beaucoup à dire et ne s'en prive pas.

Le rédacteur a beau jeu pour lancer ses flèches acérées: la cuirasse de Mercier est vulnérable en 1891 et Desjardins connaît fort bien les faiblesses de l'homme.

«Nos confrères de *La Patrie* ont reçu le mot d'ordre de proclamer que l'autonomie provinciale était en danger parce que le lieutenant-gouverneur Angers demandait une enquête et mettait Mercier et ses collègues (simples commis de Pacaud) en quarantaine, comme atteint de la lèpre du Pacaudisme, nouvelle maladie engendrée par un microbe originaire de la Baie des Chaleurs. Le grand chef avait donné une simple consigne: crier que l'autonomie provinciale était en danger. Qu'est-ce que ce zèle de reptile à exécuter les dictées du chef?»[12]

---

12. *L'Union canadienne*, A.D., volume 1, numéro 65.

Adieu au journalisme de combat

La salle de rédaction d'un quotidien, en 1891, n'exige pas une équipe aussi complexe qu'aujourd'hui. À lui seul, ou presque, l'éditeur-propriétaire Alphonse Desjardins de *L'Union canadienne* est directeur, chef de tirage, rédacteur en chef, administrateur et gérant de circulation. Aligné sur un parti politique auquel il croit, il doit en suivre les stratégies et consulter les chefs. Astreint à la comptabilité exigeante, il compulse chiffres, revenus et comptes à payer. Assujetti à une publication quotidienne, il rédige les éditoriaux, s'assure d'une matière suffisante pour combler les colonnes du journal, court la réclame commerciale, corrige les épreuves, déniche les photographies, contrôle la distribution.

L'esclavage épuise l'homme car ces divers métiers exigeraient une douzaine d'employés. L'éditeur-propriétaire ne dispose pas de fonds de roulement; la tâche épuise les réserves physiques et financières. Aussi le dix octobre, après trois mois de cette impossible course, faute de capitaux supplémentaires et du personnel qu'il faudrait rémunérer, Desjardins capitule et suspend la publication de son journal.

«Nous regrettons d'avoir à annoncer à nos lecteurs que pour des raisons de santé, nous nous voyons dans l'obligation de suspendre pour quelque temps la publication de notre journal. Le surcroît de travail que la publication d'une feuille quotidienne impose à son éditeur nous force à prendre cette détermination. Nous le déplorons sincèrement mais nous croyons pouvoir espérer que cette suspension ne sera que temporaire».[13]

La suspension fut définitive. C'est l'adieu conditionnel d'Alphonse Desjardins au journalisme de combat. L'essai fut loyal; l'homme ambitionna de concilier son indépen-

---

13. *L'Union canadienne*, A.D., volume 1, 10 octobre 1891.

dance professionnelle et financière, ses convictions politiques et son idéal personnel. Il n'était pas encore mûr pour se mettre au services des humains. L'Histoire n'avait pas convoqué Desjardins à la tribune des Du Tremblay ou des Jean-Louis Gagnon, des Bourassa ou des Filion, des Tardivel et des Héroux. Elle l'attendait patiemment au détour du siècle à un autre combat économique et social.

Alphonse Desjardins ferma la boutique, oublia Mercier, revint au foyer sans amertume ni rancoeur. Il ne se mêlera plus jamais de politique partisane. Libéré de ces hantises, il peut commencer à se mettre à l'écoute des autres de façon plus sereine mais combien plus exigeante puisqu'elle implique un engagement moral complet.

CHAPITRE V

Le jaillissement de l'étincelle
(1892-1899)

Pendant ces trois mois de combat, la quatrième et dernière fille, Albertine, naquit le 31 juillet. Au printemps suivant, à la suite du décès d'Ernest Marceau, rapporteur officiel des débats français aux Communes d'Ottawa, une vacance se crée. Alphonse Desjardins est nommé Rapporteur. Ses amis conservateurs sont au pouvoir; ils se ré-approprient l'un de leurs partisans et l'amènent au Parlement fédéral.

Il fallait que ce chef de famille ait vraiment le sens des responsabilités pour accepter un emploi si éloigné de son foyer. Il eut été plus facile de demeurer à Lévis en vivotant que de s'astreindre à voyager durant plus de vingt-cinq ans entre deux villes si éloignées. De 1892 à 1918, Desjardins sera présent en Chambre, à toutes les sessions parlementaires du gouvernement canadien, à Ottawa. Chaque année, il y séjourne durant plusieurs mois.

Cette fois, il ne s'agit plus de résumer les débats mais de les rapporter en entier quand les interventions sont présentées en français. Des confrères effectuent le même travail pour les débats anglais.

Une année de deuil

Le 8 avril 1892, Desjardins se rend au Parlement canadien pour s'acquitter de sa tâche. Il retrouve son jeune frère Napoléon installé à Ottawa et son frère aîné, François-Xavier muté au siège social de la mutuelle franco-ontarienne, l'Union Saint-Joseph. Sa soeur Marie-Clarisse, madame Anthime Saint-Laurent, y vit aussi; le couple a accueilli dans son foyer la mère du nouveau rapporteur. Madame Claire Desjardins est alors âgée de 64 ans. Elle mourra en 1896, dans la maison de sa fille, le 22 octobre.

À peine entré en fonction, Desjardins revient d'urgence à Lévis. La mort emporte son jeune fils Georges, à cinq ans et demi, le 5 mai. L'été s'achève et le 30 août, trois mois plus tard, la deuxième fille, Alice, à huit ans, rejoint son petit frère au cimetière de Lévis.

Ébranlé par ce double deuil, Desjardins rentre à Ottawa pour la session d'automne. Ses deux fils aînés vont au collège de Lévis, Raoul pour la deuxième année, Edgar pour sa première. Ils y passeront chacun dix ans. L'aîné entrera plus tard à l'Université Laval pour en sortir notaire; le cadet, dentiste. Pour la première fois, une génération de Desjardins accède à une profession libérale.

Les premières recherches

Loin de son foyer, disposant de loisirs et de longues soirées solitaires à Ottawa, Desjardins ne demeure pas oisif. Sous l'influence de son frère François-Xavier qui oeuvre dans l'assurance depuis près de trente ans, l'esprit de curiosité et de réflexion d'Alphonse Desjardins s'éveille à nouveau.

Les grands réservoirs d'épargne dont disposent les entreprises d'assurance peuvent-ils apporter aux Canadiens une aisance qu'ils envient à leurs voisins américains? Desjardins n'a pas oublié ses récents combats de journaliste et la vague d'émigration de ses compatriotes. Cette fois, il ne s'agit plus d'un combat à livrer mais d'une recherche à effectuer.

Plus qu'un puissant levier pour la nation, les réservoirs de capitaux peuvent-ils générer un apport sécuritaire aux familles des assurés? Serait-il possible de concevoir un système populaire d'assurance apte à compenser le revenu à la suite du décès du chef de famille? Les questions se précipitent dans l'esprit du chercheur. Desjardins se sent à l'aise lorsqu'il faut penser aux familles moins favorisées. Ses frères et lui-même ont opté pour le travail au lieu des études justement à cause des revenus dérivés du travail afin d'aider leur mère à la maison. L'esprit tenace d'Alphonse Desjardins ne se satisfait pas de questions sans réponse; l'homme les pose donc à son frère aîné après se les être posées à lui-même. Tous deux se souviennent des ouvriers, des travailleurs et des cultivateurs de Lévis. La maladie, le chômage et la mort furent compagnons de leur jeunesse.

Méthodique, ordonné, méticuleux — il n'en sortira jamais — Alphonse Desjardins lit, questionne, note. Un long document en découle. De sa main appliquée, il rédige un rapport personnel sur le rôle de l'assurance-vie. Les livres et matériaux dont il dispose proviennent en grande partie des nombreuses mutuelles d'assurance qui fleurissaient à cette époque. (Nous sommes en 1893!). Desjardins aborde donc cette recherche avec une perspective mutualiste et se penche sur la possibilité d'améliorer le sort des êtres humains.

À son insu, cette recherche l'engage directement dans le chemin qui délimitera tout son avenir. Desjardins commence à se mettre au service des êtres humains. Ce n'est pas l'engagement quotidien qui occupera vingt ans de sa vie mais le début d'une action personnelle. Pour l'instant, il cherche des solutions permettant d'aider les humains. Elles demeurent partielles à son point de vue et soulèvent plus de questions que de décisions. Ainsi, l'assurance-vie contient un élément majeur d'épargne; la tradition toutefois veut que les bénéficiaires de cette épargne soient souvent les héritiers plutôt que l'assuré.

Bien sûr, les caisses mutuelles de maladie peuvent suppléer à l'absence passagère de revenus. Ce rôle supplétif, fort valable en soi, ne crée pas une permanence de bien-être pour l'assuré ou sa famille. Les capitaux constitués par les épargnants suffisent à peine aux entreprises mutuelles pour honorer leurs garanties. Nos ancêtres ne bénéficiaient pas des facilités qui nous semblent aujourd'hui naturelles. Les institutions d'assurance-vie investissaient avec précaution dans les obligations de fabriques, de communautés religieuses et, graduellement, dans les municipalités. La popularité des prêts hypothécaires ne se répandra qu'au vingtième siècle.

En 1893, les placements des grandes compagnies d'assurance n'étaient pas reliés au bien-être familial qui préoccupait Desjardins. (Trois quarts de siècle plus tard, la question se posera encore pour un grand nombre de portefeuilles de placement!). Ayant fait le tour de la question, ayant vainement cherché un moyen de canaliser l'épargne au profit direct des épargnants dans son étude sur l'assurance-vie, Desjardins classe le volumineux dossier dans un carton qu'il relègue au fond de sa malle. On retrouve ce document aux archives de l'Assurance-Vie Desjardins que les Caisses populaires feront naître en 1948.

Primo vivere

La recherche est un métier passionnant mais elle n'apporte pas de revenus à l'homme qui se préoccupe aussi du bien-être matériel de sa famille. Le salaire d'un fonctionnaire civil n'est pas mirobolant. Les dépenses encourues pour les déplacements réguliers en train entre Ottawa et Lévis, la chambre et la pension dans la capitale, les frais d'un ménage à Lévis absorbent tous les revenus du chef de famille. À l'automne 93, le quinze octobre, la naissance de Paul-Henri Desjardins porte à six le nombre de bouches enfantines à nourrir. Alphonse et Dorimène Desjardins en parlent sérieusement lorsque revient septembre, que deux grands enfants fréquentent le Collège de Lévis.

Le père imite ses deux fils aînés et rentre au Collège, non comme élève mais comme professeur. En dehors des sessions parlementaires, il enseigne la sténographie aux collégiens. Il le fera durant sept années consécutives. Il renoncera au revenu d'appoint, en 1900, lorsque la Caisse monopolisera ses loisirs. L'enseignement lui permettra d'améliorer son budget familial, même s'il implique le sacrifice des heures que Desjardins consacrerait volontiers à des recherches personnelles ou à des loisirs familiaux.

« Le côté matériel, vous y avez pourvu » déclarera sa fille Albertine en 1950 lors des fêtes du cinquantenaire de fondation de la première Caisse populaire. «Père de famille, vous l'étiez dans toute l'acception du mot. Nous avons été entourés de tendresse et de sollicitude. Vous vous intéressiez à tous nos petits problèmes; nous sachant compris, nous allions vers vous en toute confiance. Vous nous aimiez profondément et cela n'a jamais exclu votre rôle d'éducateur empreint de beaucoup de bonté et de fermeté. Jamais nous n'avons manqué de rien et comme vous avez eu dix enfants, j'imagine un peu les sacrifices cachés que vous et maman, vous vous êtes imposés pour nous. Comme époux, vous avez donné à vos enfants une mère admirable de bonté et de dévouement, un foyer heureux parce qu'édifié sur un amour qui n'a jamais subi de déclin».[14]

L'étincelle d'une idée

Le témoignage le plus direct sur les préoccupations intellectuelles d'Alphonse Desjardins, à cette époque, nous vient de son jeune frère Napoléon.

---

14. Discours d'Albertine Desjardins, Archives de la Fédération des Caisses populaires Desjardins, Lévis.

«Mon frère Alphonse était de seize ans plus âgé que moi, qui suis le dernier-né de la famille. À la nomination d'Alphonse comme rapporteur des débats français à la Chambre des Communes à Ottawa où je demeurais, je suis venu en contact constant avec lui en qualité de dactylographe pour la transcription de ses notes. Comme il y avait peu de débats français, cela lui laissait ample liberté de s'occuper du sujet qui l'intéressait.

Comme caractère, je l'ai toujours vu très méthodique, même méticuleux. Il était d'une activité lente mais inlassable, toujours au travail mais jamais empressé. Tous les détails de sa vie étaient exactement déterminés de sorte qu'ils n'entravaient aucunement le libre cours de son esprit. Je puis dire que j'ai vu naître et grandir son idée dominante: celle de la coopération. Celle-ci, d'après lui, pouvait s'appliquer à tous les domaines de l'activité humaine. Comme résultat de ses nombreuses lectures, sa pensée s'orientait toujours plus précise vers la coopération entre les hommes dans tous les domaines. Une chose qui m'a toujours étonné, c'était de voir comme il puisait à toutes les sources au moyen de la correspondance. Il sollicitait des renseignements de la part d'un grand nombre d'hommes d'action dans le domaine économique, dont il avait lu les livres, et qui avaient créé des oeuvres importantes pour le bien commun. Ses correspondants étaient dispersés en Angleterre, en France et en Italie.»[15]

Le feu couvait en 1893 mais la nature d'Alphonse Desjardins requiert une longue attisée. Il n'est pas l'homme des feux de joie, des flambées spontanées, des hauts bûchers de sapinage vite consommés. C'est un être de convictions, de consultations, de méditations qui a toujours puisé dans son expérience personnelle et dans le

---

15. Napoléon Desjardins, alors sous-ministre adjoint au ministère du Travail, Ottawa.

milieu humain l'origine de ses décisions. L'impossibilité matérielle de poursuivre ses études, qui lui auraient donné accès à la pensée des philosophes, ne lui nuit pas. Rien dans ses travaux et ses écrits ne laisse supposer qu'il aurait aimé les grandes joutes intellectuelles de l'esprit. Il n'a jamais songé à s'arrêter aux implications métaphysiques ou aux principes ontologiques étrangers à sa formation scolaire. Il s'en remet à sa propre méthode de travail, prudente, minutieuse et réaliste. Eut-il complété de telles études, sa façon d'être et d'agir serait probablement demeurée la même.

Desjardins n'est pas un intellectuel, encore moins un dilettante. Par ses propres moyens, avec une lucidité pratique, il décortique les idées, assimile les principes, décèle les contradictions et déduit les implications matérielles.

De telles déductions se présentent, en 1896, lorsque le rapporteur des Débats se surprend à réfléchir profondément sur certaines interventions à la Chambre des Communes. Le député de Montréal-Sainte-Anne, Michael Quinn, vient de déclarer: «Il s'est présenté par tout le pays, surtout dans la ville de Montréal, des cas où l'on a perçu des intérêts équivalant presque à $3000 par année. Il y a eu, il n'y a que quelques jours à Montréal, un cas remarquable où un homme qui avait emprunté $150 a été poursuivi et condamné à payer en intérêts la somme de $5000 sur ce capital de $150.»[16]

La dénonciation d'un tel abus émeut le rapporteur. Elle conduit Desjardins, attentif aux misères humaines, à la bibliothèque du Parlement. Il y étale des rapports des années précédentes. Il vérifie les détails de projets

16. Débats de la Chambre des Communes, 6 avril 1897, pages 468-469 Ce fait est aussi rapporté dans le livre d'Yves Roby, *Alphonse Desjardins, 1900-1920*, page 13, édition de la Fédération des Caisses populaires Desjardins, juin 1975.

de lois antérieures à celle que propose le député de Montréal-Sainte-Anne. Desjardins constate que, dès 1884 des députés canadiens avaient proposé: «la formation d'un comité spécial avec mission d'étudier si l'on ne pourrait pas fournir aux cultivateurs canadiens les moyens d'obtenir de l'escompte à meilleur marché et plus facilement, et d'autres facilités en fait de finance avec pouvoir de quérir personnes et documents».[17]

Le Parlement avait alors demandé une nouvelle loi contre l'usure. En 1885, il envisageait la création de banques agricoles dont les opérations auraient été sous le contrôle et la direction des agriculteurs. L'année suivante, un député de l'Île du Prince-Édouard avait présenté le problème en ces termes: «Qu'on cesse de laisser les cultivateurs à la merci des prêteurs d'argent. Il faut donner aux cultivateurs une organisation qui les rende administrateurs de leurs propres affaires.»[18]

L'étincelle a jailli. Les brûlantes volontés oratoires de fougueux députés n'y sont pour rien. Desjardins n'en écoutera plus d'autres. Il partira d'un simple fait qu'évoque en lui tous ces discours: l'homme doit se retourner vers l'homme et non vers l'argent. Durant trois ans, toutes les recherches du fondateur des Caisses populaires s'orientent vers un principe de solidarité humaine, d'entraide. Il n'a pas encore trouvé la formule mais il possède le point de départ.

---

17. Débats de la Chambre des Communes, session 1884, 11 février, volume 1, Ottawa.

18. Voir Débats de la Chambre des Communes, 31 mars 1886. Cette citation est extraite d'une courte biographie d'Alphonse Desjardins, préparée par Albert Faucher (pages 15-16) publiée en juin 1948 (Le Comité de la survivance française en Amérique, volume IX, numéro 2). On en retrouve les grandes lignes dans le livre qu'Albert Faucher et Cyrille Vaillancourt publieront ensuite en 1950, *Alphonse Desjardins pionnier de la coopération d'épargne et de crédit en Amérique.*

À l'écoute des autres

La voix de Léon XIII vient de livrer à l'humanité le grand témoignage de Rerum Novarum. L'encyclique des travailleurs est diffusée le 15 mai 1891.

«Léon XIII, écrit Paul-Émile Charron cinquante ans plus tard, s'est adressé à l'intelligence, au coeur et à la volonté pour faire cesser l'exploitation inhumaine des travailleurs, comptant bien qu'ensuite naîtront les institutions destinées à les aider à bien accomplir leur mission terrestre (...) Il indiqua les principes sociaux dont l'application assurerait aux nations une économie capable de leur donner la prospérité et la paix.»[19]

Desjardins ne demeure pas insensible à ce témoignage éloquent du pontife romain. Il s'en fera l'écho devant de nombreux auditoires auxquels il adressera plus tard la parole. Pour le moment, l'homme de recherches poursuit son écoute auprès de toutes les voix qualifiées. Sa présence fréquente à la bibliothèque parlementaire lui révèle l'existence de plusieurs sources d'information. Desjardins découvre un volumineux bouquin, *People's Bank*, et le choc de cette découverte l'enthousiasme. Il lit, relit, annote et transcrit dans ses cahiers de nombreuses pages de ce livre révélateur. L'auteur, Henry W. Wolff, y dresse une synthèse précise des expériences européennes sur le crédit populaire. Président de l'Alliance Coopérative internationale, le coopérateur britannique décrit, documents à l'appui[20], les principes et les réalisations des institutions de crédit populaire en Italie, en France, en Allemagne, en Suisse et en Grande-Bretagne. Une telle mine de renseignements et de situations réjouit Desjardins qui noircit ses cahiers de tableaux et de

---

19. La Revue Desjardins, mai 1951, page 96.

20. (Voir page suivante)

références. Une première lettre part d'Ottawa en route vers Henry W. Wolff. L'auteur britannique répond à son correspondant canadien.

Au cours des trois années qui terminent le dix-neuvième siècle, les premiers renseignements complémentaires obtenus, Desjardins écrit à Eugène Rostand et à Charles Rayneri en France, à Luigi Luzzati en Italie. Il découvre les caisses coopératives rurales de Friedrich Wilhem Raiffeisen et les banques coopératives urbaines de Franz Hermann Schulze[21] qui avaient pris naissance en Allemagne au début de la deuxième moitié du dix-neuvième siècle.[22]

Desjardins est radieux. À l'écoute des autres, il se rend compte que les institutions de crédit populaire

---

20. Desjardins citera les principaux documents de Wolff dans son discours imprimé de la Russell Sage Foundation (130 East 22nd Street, New York, août 1914, page 7):
— Agricultural Banks; their Object and their Work, 109 p., 1894.
— Cooperation in Agriculture (Chapter XII, Cooperative Credit, pages 251-273, 378 p., London 1912).
— Cooperative Banking; its Principles and Practice, avec un chapitre sur le crédit coopératif hypothécaire, 301 pages, London, 1907.
— Cooperative Credit Bank Handbook, 74 p., London, 1907.
et surtout «Les Banques Coopératives de Crédit: People's Banks; A Record of Social and Economic Success, 587 p. Londres (3e édition, 1910).
Dans son «Témoignage devant le comité spécial chargé de l'étude du projet de loi concernant les Sociétés industrielles et coopératives», en 1906 (édition de la Fédération des Caisses populaires Desjardins, août 1956), tout au long de son exposé, Desjardins cite de larges extraits des ouvrages de Wolff qu'il a lus et annotés.
Henry W. Wolff confirme ces faits dans la troisième édition de *People's Bank*: «When Mr. Desjardins, after reading my book with great attention, wished to start co-operative banks in Canada, he plied me with letters on point after point, and carefully consulted those practical co-operative bankers abroad to whom I gladly furnished him with introduction» (page 573).

21. Raiffeisen, né le 30 mars 1818, Hamm, Westphalie, décédé le 11 mars 1888, Heddesdorf.
Schulze, né à Delitzsch, en 1808, décédé à Postdam le 29 avril 1883.

peuvent fournir une solution adéquate aux problèmes que les députés canadiens soulèvent en Chambre sans pouvoir y apporter de réponses. Il déclare un jour à sa femme: Écoute cette phrase de Luzzati: «La caisse est la tire-lire du pauvre; la coopérative est le sou du nécessiteux dont se sert toujours le nécessiteux». N'est-ce pas magnifique? Et tu connais sa devise, poursuit-il? «Aspirare a discendere, aspirer à descendre».

— Si tu descendais aspirer un peu d'air dehors avant le repas? demande Dorimène Desjardins.

Dans le silence de la réflexion

C'est merveilleux, songe Desjardins, comment puis-je adapter ces banques populaires européennes? Elles sont régies par les lois de leurs pays. Il nous faudrait des lois qui puissent servir le bien-être de mes concitoyens citoyens canadiens!

La question est posée. Durant trois années entières, le maître-poste de Lévis voit circuler lettres, bouquins, dépliants, épîtres, colis et messages entre Desjardins et ses correspondants. Toutefois, la réponse ne pourra venir de l'étranger. Il faut que les solutions et les explications

---

22. Relire *Caisses populaires*, cours par correspondance dirigés par Eugène Bussière, service extérieur d'éducation sociale, Université Laval, Québec, livrets 1 et 2 (Histoire des coopératives d'épargne et de crédit en Allemagne, première leçon, pages sept et suivantes).

«Après étude des institutions de secours ou d'aide en Angleterre et dans d'autres pays, Schulze, aidé du Docteur Bernhardi, recueillit des fonds et organisa une société coopérative d'achat de matières premières qui remporta un certain succès et lui suggéra l'idée d'appliquer le principe à l'argent. En 1850, il établit une association de crédit qui était coopérative.

En 1852, le bourgmestre d'Heddesdorf, Frédéric-Guillaume Raiffeisen, groupa 59 hommes les mieux vus du district et fonda la Société de bienfaisance d'Heddesdorf qui devait satisfaire les besoins de crédit des petits agriculteurs et artisans, aider les sans-travail et les jeunes abandonnés, organiser les bibliothèques populaires».

des coopérateurs européens soient adaptées à notre situation nationale, explique Alphonse Desjardins à sa femme.

La lente catalyse commence. Chaque fait est soumis au contrôle de la réalité qu'exige l'esprit concret, méthodique et lucide, pragmatique et réaliste de Desjardins. Lorsque chacune des questions posées aux praticiens du crédit populaire européen reçoit une réponse, Desjardins transpose les données fournies dans le contexte national. Une question se dégage: puis-je asseoir une oeuvre aussi importante, aux répercussions financières et humaines si délicates, sur l'assurance réelle d'un succès durable? Un échec entraînerait la perte d'économies et d'illusions que Desjardins refuse de précipiter.

Dans le silence de sa chambre, il réfléchit. Ce n'est pas le manque de confiance en soi qui le rend songeur: il maîtrise toutes les données du problème étudié durant trois ans. Desjardins a compris, après avoir discuté de toutes les hypothèses avec ses correspondants, qu'il faut maintenant passer à l'action.

Tous les jours, à la maison, lorsque ses enfants reviennent du Collège ou de l'école après que leurs professeurs ont longuement expliqué les leçons à apprendre, Desjardins en bon père de famille les encourage à faire leurs devoirs.

— Écoutez, cherchez, questionnez et trouvez les réponses. C'est à vous maintenant d'agir. On peut vous aider mais on ne peut pas aller à l'école à votre place.

La longue période de réflexion est finie. À son tour, Desjardins doit faire ses devoirs et personne ne peut retourner à l'école à sa place. Ce serait plus simple de demeurer un éternel étudiant, de poser des questions et de laisser les autres répondre. Il n'existe plus que deux solutions: ranger les cahiers de notes dans la malle, c'est une documentation théorique achevée, ou s'engager à fond au service des êtres humains.

La décision est prise. Nul ne sait si la tentation de la première solution s'est fait pressante. Tout laisse croire que Desjardins a choisi la deuxième puisqu'il descend de sa chambre et se met à parler de banque populaire à ses amis lévisiens, aux prêtres du Collège qu'il côtoie dans son travail de professeur, aux collègues d'Ottawa qu'il rencontre dans son métier de fonctionnaire.

À Lévis, la rumeur d'un projet de banque populaire se répand dans les quartiers de la petite ville.

— As-tu entendu parler de la banque à Desjardins?

— Je comprends! Il en parle à tout le monde.

— La Banque à Desjardins, c'est une histoire de fous!

Les premières réactions

Sous son apparente froideur et sévérité, sous la dignité impeccable de sa redingote immaculée, Desjardins demeure vulnérable à la critique, sensible à l'opinion. Il n'a pas hérité de l'assurance que confèrent aux hommes d'affaires des décennies de traditions économiques, de la réputation que fournissent aux institutions financières des années de services publics. Il ne bénéficie pas de la protection qu'accordent aux magnats de la haute finance, dans les métropoles anonymes, les succès de bilans accumulés avec dividendes croissants. Desjardins est un simple citoyen que les enfants de Lévis ont vu grandir dans la pauvreté, à la recherche d'emplois successifs. Son père n'était pas un professionnel ni un magistrat; sa mère n'était pas une femme d'oeuvres mais plutôt une femme de peine.

— Le père du Cardinal Villeneuve n'était qu'un simple cordonnier.

Bien sûr mais le cardinal Villeneuve, en 1900, n'était encore qu'un simple Oblat et le souvenir du cardinal Taschereau ne surviendra que beaucoup plus tard.

Fidèle à sa logique personnelle, Desjardins se soumet à une confrontation de ses idées avec le milieu où il a vécu. C'est dans ce milieu qu'il devra expérimenter le bien-fondé de ses théories économiques et sociales. Sa ténacité naturelle et sa volonté éclairée ne sont pas synonymes d'entêtement buté, d'obstination irraisonnée. Elles l'aident à défendre ses idées. Desjardins a le sens pratique des fils de la terre. Ce n'est pas en imposant des projets mijotés dans le silence d'une tour d'ivoire qu'on amène les êtres humains à participer à leur réalisation. Lorsqu'une banque populaire s'inspire de principes coopératifs comme la solidarité et l'entraide, il faut d'abord que la conviction personnelle des coopérateurs s'exprime librement et cimente de son accord les projets des entrepreneurs. Avant de devenir une entreprise économique valable, la coopérative est un laboratoire de possibilités, un carrefour d'échanges, un catalyseur d'énergies. Aussi Desjardins fait-il appel à ses compagnons d'école, à ses amis, à ses concitoyens.

Son frère François-Xavier lui a sans doute répété que les grandes mutuelles ont survécu, à cette époque, parce que les fondateurs se sont entourés de gens aux besoins connus, aux idées claires, vivant dans un milieu délimité. On peut fonder une banque à charte en réunissant des capitaux; on fonde une banque populaire en regroupant des êtres humains.

Alphonse Desjardins ne dispose pas des $250,000 requis pour la garantie financière d'une réputation d'administrateur de banque à charte. Ce n'est d'ailleurs pas l'une de ses préoccupations. Il n'a jamais songé à mettre l'argent à son service ou au service d'une banque. Il s'est révolté intérieurement, il y a cinq ans, contre les abus de l'usure. Il veut maintenant, de façon positive, amener ses concitoyens à se doter d'une institution qui leur permettra de se mettre eux-mêmes à l'abri de tels abus.

Il a laissé le témoignage irréfutable de sa volonté de se mettre au service des êtres humains dans les notes qu'il a lui-même rédigées: «Notes complètes et exactes sur les diverses phases, actes et résolutions se rapportant à la création d'une société coopérative d'épargne et de crédit populaire à Lévis» [23].

Au service des autres

«À la suite de divers pourparlers et consultations dans le cours desquels je m'efforçai d'exposer et de faire saisir la portée du projet que j'avais formé à la suite de longues et laborieuses études, de créer à Lévis une société d'épargne et de crédit populaire sur le modèle des banques populaires existant dans l'Europe continentale, principalement en Allemagne, en Autriche, en Italie et en France, et sur l'avis conforme d'amis et d'hommes sûrs, tous imbus des principes féconds de la mutualité, j'allai prier personnellement un certain nombre de citoyens très recommandables par leur caractère honorable, de bien vouloir se réunir chez moi, le jeudi 20 septembre 1900, vers huit heures et demie. Le but de cette convocation était d'exposer à ces citoyens le projet formé et approuvé dans l'intimité par quelques-uns d'entre eux, puis, si l'idée était acceptable, de nommer un comité d'initiative chargé d'étudier les moyens de réaliser le projet en formulant des Statuts et des Règlements, en s'inspirant dans ce travail, des Constitutions et des Règlements d'associations similaires des pays ci-haut mentionnés.

Après avoir fait un exposé complet du projet de la création d'une Société d'épargne et de crédit populaire dans les limites et sur le modèle indiqués plus haut, la réunion invitée à se prononcer, émit l'avis qu'elle approuvait absolument l'idée développée devant elle. Sur la

23. Archives de la Fédération des Caisses populaires, Lévis.

suggestion de messieurs Joseph Delisle, Édouard Labadie, Albert Lambert, Pierre Ferland et Xavier Marceau, à laquelle se rallièrent les autres membres présents, il fut résolu de prendre sur le champ la première mesure en vue de la création définitive de cette Société, soit la nomination d'un comité d'étude et d'initiative dont la mission est de se renseigner à fond sur les divers Statuts et Règlements de Sociétés ou Banques populaires ayant pour objet de recueillir la petite épargne, et créant des épargnants, en stimulant cet esprit de prévoyance, et de faire retomber cette épargne sur le sol qui l'a produite sous forme de crédit au petit commerce et à la modeste industrie, aux humbles travailleurs de la ville et de la campagne avoisinante. Ce comité fut nommé séance tenante.»

Il y aura dix-huit séances avant que le comité d'étude et d'initiative termine le travail envisagé et propose publiquement la fondation officielle de la Caisse populaire de Lévis.

Au salon, madame Desjardins sert le café et les petites gâteries. Elle se retire discrètement et s'occupe des enfants. Léon de la Broquerie n'a que trois ans, Paul-Henri sept ans et les petites filles, Adrienne et Albertine, ont besoin que les plis de leur robe de couvent soient bien pressés. Les trois grands, qui étudient en haut, auront peut-être faim ce soir.

CHAPITRE VI

Tête froide, coeur en chamade (1900)

— Et toi, mignonne, qu'en penses-tu?

Le chef de famille, à l'aurore du vingtième siècle, prend au sérieux sa mâle autorité. Depuis les décades anciennes, les affaires des hommes se règlent entre hommes. On ne lésine pas sur les attributs masculins: la secte a ses mythes et ses impératifs. Les femmes n'ont rien à y voir. Qui parle d'envahir leur domaine privilégié, exclusif et respecté: cuisine et couches? Nos grands-pères seraient éberlués, offusqués, de voir leurs petits-fils se lever de table et déclarer à leur femme: «finis ton café, je m'occupe de la vaisselle. Tu pourras écouter ton docteur Welby à la télévision, je prépare le boire de nuit de la petite.»

La formation du comité d'étude

Une telle proposition eut été impensable en 1900. Chez Desjardins comme ailleurs, le séculaire héritage des traditions familiales assure toute autorité au père. Les décisions lui reviennent de droit. Pas question pour le père d'envahir le domaine sacré de la cuisine; pas question pour la mère de s'immiscer dans les discussions masculines. Le respect des attributions exclusives va jusqu'au silence mutuel. Pourtant, après le départ de ses invités, Alphonse Desjardins rejoint sa femme à la cuisine où elle range soucoupes et tasses. Il sait qu'elle n'a pas écouté les discussions mais qu'elle a tout entendu. Même s'il concentrait son attention sur les explications données à ses amis regroupés au salon, il s'est aperçu que sa femme était montée rejoindre Mercédès. Elles avaient dû broder ensemble la grande nappe en écru pour le trousseau de la jeune fille. Par l'escalier, la voix des hommes et leurs questions rejoignaient le murmure des femmes et leurs crochets.

— J'espère que ton père les convaincra. Il pense à cette banque depuis si longtemps.

— Almanzor m'a dit que les gens de Lévis aussi en parlent. C'est vrai que papa va devenir banquier?

— Mais non, il veut simplement que les gens de Lévis réunissent leurs économies pour s'entraider.

Maintenant que tout le monde est parti, que le comité d'étude est formé, Desjardins se sent heureux, soulagé.

Secrète inquiétude

L'animateur de la première coopérative canadienne d'épargne et de crédit n'a pas tout raconté d'un coup. On ne résume pas en une soirée des années de réflexion, de recherches et de consultations. Il a bien le temps: le comité formé va bientôt se réunir et préparer les règlements de la future société.

Sa femme, Dorimène, sait qu'il est préoccupé malgré l'assurance de l'enthousiaste adhésion des invités. Jour après jour, au fur et à mesure qu'il rencontrait ses amis, individuellement, et revenait à la maison, il commentait l'entrevue. Ce soir, elle n'est pas surprise de le voir entrer à la cuisine et s'y attarder. En dépit de sa confiance extérieure, une inquiétude le tenaille dont il n'a probablement pas parlé à ses amis.

— Et toi, mignonne, qu'en penses-tu?

La question, adoucie par ce caressant mignonne qu'il intercale discrètement, est bien précise dans sa formulation générale. Elle se relie directement à l'inquiétude secrète dont elle seule connaît la cause. Elle n'enlève rien aux prérogatives ancestrales du chef de famille. Elle manifeste simplement la confiance qu'a l'époux dans le jugement éclairé de sa femme et de la complète adhésion de son esprit féminin à son idéal de coopérateur, et l'importance de son inquiétude.

— Pourquoi n'en parles-tu pas à monsieur Wolff. Il a toujours été de bon conseil.

— J'avais l'intention de lui écrire. Monsieur le curé Gosselin a la même réaction que toi. Nul ne sait si nous pourrons recueillir les économies des membres avant d'avoir obtenu la reconnaissance légale de la coopérative. Il faut quand même savoir d'abord si les gens sont d'accord avant de recourir à la loi. Et puis nos lois actuelles ne prévoient pas de telles banques.

Ils en parlaient encore, lumières éteintes, dans la maison blanche du parc.

Il fait chaud à Menton sur la côte française

Le comité siège depuis un mois ou presque. Les travaux progressent: statuts et règlements se précisent. Les membres ont l'expérience de ces discussions. Ils appartiennent tous à diverses sociétés: Forestiers, Artisans, Légion catholique. Ils se connaissent entre eux et connaissent les besoins lévisiens. Hommes de quarante ans, habitués aux affaires et au public, ils savent l'importance d'une bonne réglementation. En outre, notre sang latin adore les nuances des virgules et des points, la valeur des mots qui se collettent avec leur usage et leur sens. Au-delà des paragraphes et des clauses, ils perçoivent l'impact de leurs décisions sur le déroulement éventuel des opérations. Leur confiance et leur espoir les rendent solidaires de l'oeuvre sociale à créer; leur maturité et leur jugement les rendent conscients de l'oeuvre économique à bâtir. Même que leur enthousiasme stimulé par la tenace volonté d'Alphonse Desjardins devient communicatif.

Le soleil luit à Lévis comme à Menton. Il fait beau, il fait même chaud à la mi-octobre!

Le dix-huit de ce mois, Desjardins fait part de cet état d'esprit à l'un de ses fidèles conseillers, Charles Rayneri.

«Il m'a semblé qu'il serait préférable de tâcher de créer un type unique pouvant convenir partout sauf, dans certains cas exceptionnels, à lui faire subir de légères modifications afin de l'adapter aux exigences du milieu.»[24]

Desjardins voit déjà l'économie populaire envahir d'autres paroisses, gagner les campagnes peut-être les villes. Le choix que le comité et lui ont fait de la paroisse comme centre des opérations éventuelles de la Caisse de Lévis et des autres qui pourraient surgir ailleurs a des avantages assurés. Cette vision ne trouble pas l'esprit positif et pragmatique du nouvel entrepreneur. Avant de s'emballer et de couvrir le monde entier d'une caisse à «type unique», il faut d'abord réussir à créer celle de Lévis. La pratique de l'entraide et de la mutualité en sera favorisée; les gens d'un même voisinage naturel se connaissent mieux. D'une paroisse à l'autre, au pays, les classes laborieuses ressentent les mêmes besoins. Des règlements identiques offriraient une solution de continuité. Ils auraient l'avantage, advenant de nouvelles fondations, d'avoir été mis à l'épreuve dans les précédentes. Peu importe l'avenir, il procède toujours du passé mais la Caisse de Lévis n'a présentement aucun passé, elle vit la plénitude du présent...si les coopérateurs le désirent.

---

24. Rayneri est alors directeur de la Banque populaire de Menton, en France. Il dirige également le Centre fédératif du Crédit populaire avec Eugène Rostand, président de la Caisse d'épargne de Marseille.

Ce soir, après avoir cacheté la lettre à son ami Rayneri et décidé du nombre de timbres nécessaires à l'affranchissement, Alphonse Desjardins tend la main vers un cahier déposé sur sa table de travail. Le soleil ne luit plus, il fait froid. L'homme est seul avec ses pensées et le temps presse maintenant.

Il fait beau à Londres, sur la côte britannique!

Le titre du cahier est clairement calligraphié: *Loi sur les Syndicats coopératifs*. Il faudrait y travailler en même temps que le comité étudie les règlements de la Caisse. Si la session parlementaire peut débuter, Desjardins apportera le dossier avec lui. Faire voter une loi fédérale sera facile; les députés s'inquiètent des abus de l'usure depuis si longtemps. La reconnaissance légale des syndicats coopératifs accélérera les choses. Effectivement, est-ce que ce sera vraiment facile?

La réponse de Wolff, auquel il a soumis le problème et décrit son inquiétude devant l'absence de lois coopératives canadiennes, tarde à venir. Ne vaudrait-il pas mieux avertir le comité sans délai? Encore ce soir, début novembre, quelqu'un proposait de convoquer une grande assemblée le mois prochain, de fonder la banque populaire, cette année.

— Ne bousculons rien, terminons d'abord l'étude et la recherche entreprises. J'attends des précisions de notre ami Wolff, le président de l'Alliance Coopérative internationale.

La tête froide, le coeur en chamade, Desjardins écoute ses amis qui le pressent encore de convoquer une assemblée générale. Sa femme sait bien pourquoi il hésite et retarde la date de réunion. Ses amis sentent, en dépit des progrès dans leurs travaux, que l'animateur du comité n'est pas complètement rassuré.

— Nous en parlons tous les jours, les gens ont hâte. Tout marchera bien.

— Bien sûr mais nous devons compléter nos travaux!

Dans le courrier, enfin, la lettre d'Henry Wolff arrive d'Angleterre, datée du 11 novembre. Le fidèle correspondant est catégorique. Selon lui, les besoins populaires n'ont jamais attendu la loi pour s'exprimer. D'ailleurs on n'attend pas d'une loi qu'elle satisfasse des besoins! En bon Britannique, Wolff s'en remet aux précédents: il est plus simple de solliciter une sanction une fois la société en marche que de demander la permission de la fonder.

L'usage prime le droit; le fait établi précède et conditionne la législation. C'est la base de la *Common Law* de Grande-Bretagne qui bénéficie d'une excellente presse au Canada anglais, fidèle à la tradition britannique. Le Québec est assujetti aux principes français du Code Napoléon, Desjardins ne l'ignore pas mais les méthodes britanniques conviennent fort bien au Parlement fédéral. Une loi canadienne des syndicats coopératifs ne se préoccuperait guère de l'existence antérieure, même au Québec, d'une entreprise…à régir!

Et mon cadeau?

Il fait beau et chaud de nouveau dans la grande maison blanche du parc. Les nuages reviendront bien assez tôt. La lettre de Wolff met fin aux hésitations de Desjardins; elle le réconforte et rallie tous les membres du comité à la décision de fonder la coopérative sans autre délai.

Alphonse Desjardins vient de célébrer, le cinq novembre 1900, son quarante-sixième anniversaire de naissance. Les chandelles ont vacillé et le gâteau de fête a réjoui toute la famille.

— Ton cadeau, dit Mercédès, je sais ce qu'il sera.

— Comment peux-tu le savoir? demande sa mère.

— Tout le monde le sait, papa nous donne une banque en cadeau!

— Pas exactement. Disons plutôt que nous donnerons une banque en cadeau à Lévis.

Un mois plus tard, le six décembre 1900, le cadeau d'Alphonse Desjardins est prêt. Ouvrons la boîte!

Monsieur le curé l'a dit!

Rasé de près, l'abondante chevelure renvoyée à l'arrière, la taille cambrée et serrée pour masquer la présence et le poids des premières surprises de la quarantaine, la chemise blanche bien empesée, Alphonse Desjardins regarde sa femme.

— Où est ma cravate?

— Je viens de la presser. Je vais te la nouer.

En ce premier jeudi de décembre, le couple soigne particulièrement sa tenue. Le repas du soir fut servi plus tôt qu'à l'accoutumée. Les enfants n'ont pas dit un mot durant le repas. Les aînés ont même quitté le collège avec permission, avant l'étude. Tous sont conscients de l'importance de la soirée.

— Il y a déjà plein de monde à la salle des Artisans et les gens continuent d'arriver, déclare l'un des garçons.

— L'abbé Hallé nous a parlé de ton ami le comte Luigi Luzzati durant son cours. Tu ne nous as jamais dit que tu connaissais un comte italien.

— Comte ou non, Luzzati pour moi est surtout le fondateur d'une banque populaire à Lodi.

— Et c'est ton ami?

— Bien sûr et l'abbé Hallé le connaît aussi puisqu'il traduit les lettres que Luzzati m'écrit.

— L'abbé m'a dit, révèle Raoul, qu'il accompagnerait le supérieur du collège à ta réunion.

— Ce n'est pas MA réunion mais celle des coopérateurs de Lévis, précise le père.

— C'est TA réunion, proteste Adrienne du haut de ses douze ans (ou presque!). Monsieur le curé Gosselin l'a dit à la messe dimanche dernier: «Vous êtes tous invités à la réunion de monsieur Desjardins».

— Ne dérangez plus votre père, les enfants. Il doit se préparer à partir. Je vous raconterai la soirée, demain, propose Dorimène Desjardins.

— Dans votre prière ce soir, recommande le père, demandez au bon Dieu de protéger notre coopérative.

— Le bon Dieu va me donner beaucoup de sous pour mettre dans ta banque? demande le petit Paul.

— Ce n'est pas ma banque Paul mais...

— Nous allons être en retard, dit Dorimène doucement pendant qu'elle entraîne son mari vers la porte de sortie.

L'Histoire était au rendez-vous

Le calme de la nuit de décembre 1900 et les flocons de neige tombent lentement sur la grande maison blanche du parc. L'ombre du clocher de Notre-Dame rejoint celle des arbres nus. Dorimène Desjardins se serre les mains dans son manchon. Avenue Éden, le couple se rend à la salle des Artisans. La tête froide, les statuts bien rangés dans son porte-document près de sa tablette de sténographie et de ses crayons effilés, le pas régulier, le coude droit replié sous l'avant-bras de sa femme, le collet de sa pelisse remonté à l'arrière, Alphonse Desjardins monte vers son destin, le coeur en chamade. Au détour de la rue Bégin, l'Histoire et une centaine de concitoyens l'attendent.

Personne ne l'a obligé à convoquer cette réunion qui devient l'aboutissement de trois années de réflexion. Il eut été possible, comme tant de députés bien intentionnés l'ont fait, de parler de misère dans le monde, d'aller encaisser son chèque de paie et d'oublier. Desjardins a voulu dépasser ce stade oratoire et impersonnel; il s'engage dans la voie de rencontre avec ceux-là même qu'on plaignait mais qu'on abandonnait à leur sort. En quittant sa table de travail avec ses documents, ce soir, il ne franchit pas le seuil de sa porte pour une assemblée, il sort de la maison qu'il a construite pour aller en construire une autre qui lui demandera vingt ans de sa vie au service des êtres humains.

Il a convoqué ses concitoyens pour «prendre connaissance des statuts et règlements préparés à titre de projet pour la création d'une société coopérative d'épargne et de crédit, à capital variable et à responsabilité limitée».[25] Il a lui-même remis le texte de la convocation à son curé pour lecture au prône. Il a scruté la nécessité et le sens de chacun des mots. Rien n'est laissé au hasard, à l'improvisation ou à la fantaisie. Ses concitoyens ont droit de connaître avec précision les termes de leur engagement.

Alphonse Desjardins n'a jamais soupçonné que l'Histoire serait au rendez-vous du six décembre 1900. L'imprévisible qu'il a toujours voulu cerner et réduire à ses dimensions les plus perceptibles a créé son propre horaire insoupçonné. L'Histoire se charge elle-même des perceptions et des répercussions, non dans la fugacité du présent, mais dans la perennité de l'avenir.

Personne n'ordonne à l'Histoire d'accepter une convocation; elle forge seule celles qu'elle émet. En se plaçant au service des êtres humains de sa génération, Desjardins transformait sa propre condition humaine et la nôtre.

---

25. Procès-verbal de la réunion du 6 décembre 1900, Archives de la Fédération des Caisses populaires Desjardins.

Alphonse Desjardins, ses frères et soeur — De gauche à droite (debout),
Étienne, Albert, Napoléon et Alphonse Desjardins; dans le même ordre
(assis), Charles, Joseph, Claire et Georges. *(Source: Archives de la
Fédération de Québec des Caisses populaires Desjardins)*

Alphonse Desjardins et son épouse Dorimène à Ottawa. *(Source: Archives de la Fédération de Québec des Caisses populaires Desjardins)*

La maison d'Alphonse Desjardins, à Lévis. C'est là que se déroulèrent les premières opérations de la Caisse populaire de Lévis. *(Source: Archives de la Fédération de Québec des Caisses populaires Desjardins)*

Alphonse Desjardins et sa famille devant leur maison de Lévis. *(Source: Caisse populaire de Lévis)*

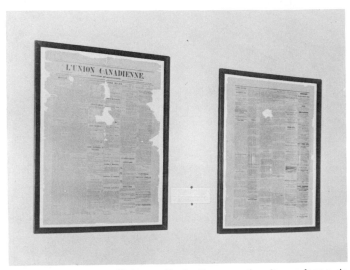

L'Union canadienne: Alphonse Desjardins y pratiquait une forme de journalisme militant. (Source: Archives de la Fédération de Québec des Caisses populaires Desjardins)

DATE	NOMS	No	TAXE D'ENTRÉE	VERSEMENTS	DÉPÔTS D'ÉPARGNE	TOTAL	REMBOURSEMENTS
1900 Janvier 23	Jos. Eug. Roy	259	10	10			
"	Joseph Lemieux	211	20	1 00			
"	Théophile Carrier	81	50	.50			
"	Thomas Simoneau	265	20	.20			
"	Joseph Verreault	277	50	4 50			
"	J. Edmond Verreault	279	20	1 00			
"	Achille Bégin	49	50	4 50			
"	Arthur Demers	125	50	4 50			
"	Edmard Bernard	47	50	4 50			
"	Joseph Delisle	123	1 00	1 00			
"	Marie Louise Deneault	111	10	10			
"	Camille Deneault Lemieux	203	10	10			
			$ 4 40	$ 22 00		26 40	

Relevé des premiers dépôts de la Caisse populaire de Lévis. (Source: Caisse populaire de Lévis)

Pacte Social.

Nous soussignés, déclarons par les présentes nous constituer en société coopérative d'épargne et de crédit à capital variable et à responsabilité limitée, sous le nom de "La Caisse populaire de Lévis", suivant les dispositions des statuts et règlements ci-annexés, et nous obligeons de nous conformer à tous les statuts et règlements susdits.

Fait et signé à Lévis, ce *sixième* jour de *décembre, mil neuf cent. (1900).*

Pacte social. Liste des noms de certains des concitoyens d'Alphonse Desjardins qui ont accepté de parrainer son projet de caisse populaire.
(Source: Caisse populaire de Lévis)

Les membres du premier conseil d'administration de la Caisse populaire de Lévis. *(Source: Caisse populaire de Lévis)*

Le Collège de Lévis. Alphonse Desjardins y a enseigné la sténographie. *(Source: Collège Notre-Dame, Lévis, P.Q., page 13, Bibliothèque du Collège de Lévis)*

Lévis: à l'époque, il y avait très peu d'automobiles. *(Source: Lévis et Environs, 1912, page 23, Archives de la Fédération de Québec des Caisses populaires Desjardins)*

Le magasin général: un lieu de rencontre de l'époque, tout comme la caisse populaire. *(Source: Lévis et Environs, 1912, page 35, Archives de la Fédération de Québec des Caisses populaires Desjardins)*

Lévis: un lieu de convergence pour les voyageurs (transport ferroviaire, transport maritime, etc.). *(Source: Lévis et Environs, 1912, page 57, Archives de la Fédération de Québec des Caisses populaires Desjardins)*

LA GRANDEUR ET LA SERVITUDE
DE LA CONDITION HUMAINE

CHAPITRE VII

Préoccupations nouvelles
(1900-1901)

La première année du vingtième siècle s'achève. En dépit des prophéties les plus farfelues, aucune catastrophe apocalyptique ne s'est encore abattue sur la terre. À Lévis, comme ailleurs au pays, cette terre est plutôt recouverte d'un simple duvet de neige bien innocente en cette soirée du six décembre 1900.

Les lampes à pétrole de la salle des Artisans, une société fraternelle d'assurance, sont toutes allumées. Une centaine de personnes sont venues, à pied ou en voiture jusqu'à la rue Éden, par curiosité, intérêt ou amitié. Elles répondent à une invitation d'un «comité d'étude et d'initiative pour prendre connaissance des statuts et règlements préparés à titre de projet pour la création d'une société coopérative d'épargne et de crédit».[26]

Le dîner est servi

Au lendemain de cette soirée que l'Histoire considère comme la date de fondation des Caisses populaires Desjardins, tout est calme à Lévis. De longues coulées de neige s'appuient aux troncs des arbres du parc, face à l'église paroissiale. À sa table de travail, chez lui, Alphonse Desjardins n'échappe pas à son long entraînement professionnel de rapporteur des débats. Il consulte ses notes, transpose dans un cahier le discours du Supérieur

---

26. Texte précis de l'invitation. Voir Archives de la Fédération des Caisses populaires Desjardins, Lévis.

du Collège et du Curé de Notre-Dame. Il étale devant lui les statuts qu'il a lus et commentés la veille. Il s'était empressé, après lecture de chacun des articles, de noter les observations. Méthodiquement, sans rien bousculer, sans rien modifier, ne laissant percevoir aucune émotion personnelle, aucune nervosité humaine, il met de l'ordre dans ses notes. Il prépare un rapport clair, précis, conforme comme s'il s'agissait d'interventions à la Chambre alors qu'il s'agit bien d'une fondation qu'il a préparée depuis trois ans.

À la cuisine, un oeil sur le petit Léon de la Broquerie, âgé de trois ans, un oeil à son fourneau, Dorimène Desjardins prépare le repas du midi. Paul-Henri, du haut de ses sept ans, revient de l'école. Adrienne et Albertine arriveront bientôt du couvent. Les trois grands garçons n'entreront qu'à la fin de la journée.

— Monte avertir ton père que le repas est servi, dit la mère à sa grande fille Mercédès.

Message fait, l'aînée redescend doucement.

— Papa s'en vient.

Le temps de regarder le travail en cours, de ranger sa plume, de fermer son cahier de notes, de placer ses feuilles en pile, Desjardins se retrouve debout derrière son fauteuil à la table familiale. Les enfants attendent la fin du Bénédicite; le repas commence. L'attention de chacun se partage entre les aliments présentés et les travaux de la journée. On a hâte d'en finir avec le repas mais personne ne se presse.

En finir avec la veille

Résumer les débats de l'assemblée passée, ordonner les interventions, se limiter à l'essentiel, attribuer à chaque personne son titre exact? Routine quotidienne depuis les jours lointains de 1879, à la Législature de Québec. En finir avec la veille et songer à demain.

Desjardins cite ses propres paroles de bienvenue: «Votre présence témoigne du désir qui vous anime de prendre part à la création d'une oeuvre de réelle utilité sociale et économique (...) Ceux qui seront appelés à s'associer à nos travaux futurs ne manqueront pas d'être frappés de l'importance de votre collaboration à l'oeuvre naissante (...)»

Il résume l'exposé de monsieur François-Xavier Gosselin, curé de la paroisse de Lévis: «La nouvelle société est appelée à faire beaucoup de bien parmi les classes laborieuses». Il signale l'intervention de monsieur Carrier, le supérieur du collège de Lévis: «Le modeste artisan, le petit industriel en chambre, l'humble commerçant aura sa caisse qui lui rendra les services (...)»

Il décrit l'état des présences et le cheminement de la réunion: «Plus de 80 personnes (...) signent le pacte social et souscrivent 200 parts sociales. La Société est par là même constituée définitivement et l'assemblée procède immédiatement à la nomination des membres du Conseil d'administration, de la Commission de crédit et de direction et de la Commission de surveillance.».

Le passé bien fixé en noir et blanc sur le papier, Alphonse Desjardins ne s'y attarde plus. Il se tourne vers l'avenir.

Botté, ganté, foulard de laine au cou, pelisse endossée, chapeau à la main, il est prêt à sortir.

— Je reviens dans une heure, le temps de rappeler aux directeurs que nous tenons la première réunion du Conseil d'administration ici demain soir. Le petit s'est endormi?

— Il digère son dernier boire. Si tu vois Pierre Ferland, n'oublie pas de lui demander s'il a reçu les patins d'Albertine. Il en faudrait aussi une paire, à quatre lames, pour Paul-Henri; j'en ai vu chez Carrier.

— C'est vrai, ce sera Noël dans...moins de trois semaines. Le parc est déjà couvert de neige.

— À Sorel, la glace doit être prise autour des îles. T'es-tu habillé assez chaudement? Il doit venter du côté des Marceau.

Blottis autour du clocher

«Les humbles, les petits, dont parle François Coppée, tous ceux-là qui sont nés et qui vivent blottis timidement autour d'un clocher de village», ils ont l'avantage de se connaître et de se parler facilement.

Ils vivent si près les uns les autres. Enfants d'un même village, d'une même ville, leur confiance est naturelle et bénéficie du sens du voisinage. Les villes de 1900 n'ont pas l'indifférence anonyme d'aujourd'hui. Elles ne sont alors que la simple juxtaposition territoriale de divers microcosmes de multiples paroisses homogènes. Desjardins fut-il né à Trois-Rivières, Québec ou Montréal, il eut grandi, là comme à Lévis, blotti autour du clocher d'une paroisse. Il en a fait son point de départ, de croisière ou de contour, son point de retour.

Alphonse Desjardins aurait eu toutes les raisons du monde de vouloir s'approprier une géographie plus universelle. Chaque printemps, il côtoyait des ministres et des députés venus de toutes les provinces du Canada. Dans les coulisses du Parlement, il rencontrait sénateurs et présidents vêtus de l'hermine prestigieuse et des perruques britanniques officielles. À vivre parmi les grands de ce monde, on emprunte leurs manières; à vivre auprès des puissants de cette terre, on rêve de leurs pouvoirs. Le Rapporteur des débats est un fonctionnaire bien simple; il n'a rien d'un rêveur. Il vit à son rythme et à sa mesure: dans son village blotti autour d'un clocher. Il ne s'affuble pas de plumes de paon et la Caisse de Lévis n'est pas née sous l'éclatant fracas des trompettes de Jéricho. Desjardins n'a jamais joué aux vedettes royales, aux empereurs de droit divin! Des cultivateurs, des marchands, des fonctionnaires, des journaliers se sont retrouvés ensemble, en décembre 1900, comme les pâtres et les bergers d'un autre décembre fort éloigné. La Caisse de Lévis est née autour du clocher paroissial; elle n'en connaîtra pas moins un rayonnement international, un impact économique et social indéniable.

Ça frappe à la porte!

Personne ne frappe à la porte d'entrée pour pénétrer chez lui (normalement!). Les enfants se faufilent à l'arrière de la maison, ils entrent directement dans la cuisine familiale. Les adultes cherchent leur clef pour la porte latérale. Au début du siècle, la porte d'en avant est réservée aux visiteurs de marque: le maire, le député, le curé.

Quand cette porte vibre sous les jointures d'un homme (car au début du siècle, seuls des hommes bénéficient discriminatoirement des marques de distinction!), toute la maisonnée est en émoi. La mère détache rapidement son tablier, secoue les plis de sa robe, replace les mèches rebelles de sa coiffure, vérifie la rondeur de sa toque, jette un coup d'oeil autour d'elle et accourt. L'aînée est déjà rendue au salon pour enlever les housses des fauteuils.

— Montez dans vos chambres, les enfants!

Pour la famille d'Alphonse Desjardins, dès le mois de janvier 1901, l'intimité familiale doit s'accomoder de ces heurts fréquents à la porte d'entrée. Les sociétaires de la Caisse viennent confier leurs dépôts à monsieur le président.

Auriez-vous déjà songé, un soir après avoir couché les petits, à vous diriger vers la résidence personnelle du Baron Philippe de Rothschild, en prenant une marche? N'aimeriez-vous pas, un bel après-midi d'hiver ou d'été, sonner à la porte de la maison privée du président de la Banque Royale? Ne voudriez-vous pas, un matin de printemps ou d'automne, franchir la grille d'entrée et vous présenter chez le président de la Banque Provinciale du Canada?

Tenez, un de ces jours en vous rendant au magasin faire vos emplettes, pourquoi ne pas vous arrêter sur le perron du président de la Fédération des Caisses populaires Desjardins, presser la sonnette, essuyer vos semelles, vous asseoir au salon.

— Comment va madame? La première dent du petit ne lui fait pas trop mal? Oh! Pendant que j'y pense, je suis venu déposer huit «cennes» dans votre banque. Vous me prépareriez un reçu?

Il y a soixante-quinze ans ou plus, vous auriez pu le faire!

— Papa, il y a du monde à la porte. C'est pour toi?

— Fais entrer le monde.

— Il y a sept personnes.

— Dis-leur de s'asseoir au salon, je descends.

Depuis le vingt et un janvier 1901, la Caisse populaire de Lévis a ouvert trois bureaux de perception des dépôts, les lundi, mercredi et samedi. Dans son quartier de Villemay, le négociant Napoléon Lemieux accepte aussi les dépôts des sociétaires.

Dès le huit décembre 1900, à la première réunion des membres du bureau d'administration, les autorités de la Caisse ont autorisé «monsieur le président à écrire à la Société des Artisans, succursale de Lévis, pour solliciter l'usage gratuit, deux soirs par semaine, (. . .) d'une partie du local de cette Société pour servir de bureau à la nouvelle association».

Les sociétaires préfèrent rendre visite au président, chez lui.

— Monsieur Desjardins peut nous aider, allons-le voir.

Ils frappèrent à la porte d'entrée. On les accueillit comme des visiteurs politiques ou épiscopaux. Leurs dépôts réunis formèrent un premier total de $26.40.

Maman, c'est pour toi!

Le président-fondateur et gérant de la Caisse populaire doit, lui aussi, gagner sa vie. Il prépare sa malle et descend à la gare. Le train le conduit à Ottawa depuis neuf ans. La session de cette année 1901 débute le 4 février; elle se terminera le 2 juin.

— Tu m'écriras et je te répondrai. Nos amis d'ici pourront te donner un coup de main.

Le gérant de la petite entreprise financière a demandé à ses collaborateurs de veiller au bon fonctionnement. La jeune coopérative recommande que le secrétaire de l'association, François-Xavier Marceau, soit nommé gérant provisoire en l'absence du vrai gérant retenu à Ottawa.

Pour la première fois, le fonctionnaire fédéral hésite à s'éloigner. Dans le passé, il a pu ressentir une inquiétude passagère reliée à son rôle de chef de famille. Dorimène et lui surmontaient cet état; ils savaient que les enfants ne manqueraient de rien. Tout un chacun s'ennuierait beaucoup mais le travail avait ses droits et Desjardins, ayant embrassé les siens, accomplissait son devoir de chef de famille.

En ces premiers jours de février 1901, il multiplie les recommandations. Après vingt ans de mariage, il peut s'en remettre à sa femme pour la routine hebdomadaire à Lévis. Le train circule entre Ottawa et Lévis, le courrier également. Cette fois, une autre préoccupation, entièrement nouvelle, modifie la situation. Les gens qui lui ont fait confiance, en décembre dernier, continueront de se rendre à la maison et à la Caisse. Desjardins n'y sera plus pour les recevoir et les conseiller. Ses amis devront percevoir l'argent à sa place comme il le leur a expliqué. Les jours et les heures des trois centres de dépôt sont affichés. Cela n'a pas empêché et n'empêchera pas les sociétaires de se rendre à la maison blanche du parc. Desjardins s'inquiète pour tout le dérangement qu'il impose à sa femme.

— Maman, il y a quelqu'un à la porte. C'est pour toi!

Dorimène Desjardins accueille les visiteurs à la place de son mari. Elle leur suggère d'aller voir monsieur Marceau, le gérant provisoire. Les fidèles sociétaires préfèrent se rendre à la maison du fondateur. L'épouse accepte les dépôts, prépare les bordereaux et les reçus. Le soir, François-Xavier Marceau et Dorimène Desjardins concilient les entrées.

Dans sa chambre, à Ottawa, Desjardins poursuit son travail de correspondance personnelle avec ses amis coopérateurs en Europe. Il s'inquiète de la santé et des études des enfants; il se soucie du travail imposé à sa femme. Il a hâte de reprendre le train de Lévis.

La banque à Desjardins

— Tu aurais dû nous en parler!

La mère regarde sa fille et cherche à comprendre.

— La maîtresse à l'école a dit que nous pouvions le faire, explique la petite.

— Ce n'est pas son argent!

— Denis a vidé son «*cochon*»**; quarante-deux sous qu'il y avait.

— Ça le regarde mais toi, tu n'as pas d'affaire là!

— Regarde! C'est écrit dans mon livre: une piastre et vingt-neuf cents. La madame était contente. Elle m'a dit que je pouvais revenir quand je voudrais.

— A-t-on idée de profiter ainsi de l'ignorance des enfants. C'est une honte, une exploitation. Attends ce soir, tu verras ce que ton père en pense de la banque à Desjardins.

— C'est la caisse de tout le monde!

L'enfant retourne à l'école. Le père revient à la maison; sa femme commente les faits de la journée et la visite de la petite à madame Desjardins.

— La banque à Desjardins.

— Paraît que la maîtresse d'école* encourage les enfants à y déposer leurs sous.

— Elle est folle! La Banque à Desjardins, un autre fou, un maniaque. Parce qu'il barbouille du papier à Ottawa, il se prend pour un grand homme! Son père n'avait pas un rond! Je l'ai connu moi, le président de la...c'est quoi son truc populaire là? Oui, oui, une coopérative d'épargne et de crédit. À ton âge, ma fille, Desjardins n'avait même pas la première cenne noire à mettre dans un cochon** et monsieur se permet aujourd'hui de ramasser les cochons** des autres. Tu vas me faire le plaisir de ne plus jamais remettre les pieds chez lui.

— Oui papa. Mais la maîtresse* a dit...

— Laisse faire ce que la maîtresse* a dit. Obéis à tes parents.

Dans une maison voisine, la père et le fils causent!

— Oui papa. Mais monsieur le curé a dit...

— Laisse faire ce que le curé a dit. Obéis à tes parents. Crois-en ton père, la banque à Desjardins, ça ne vivra pas longtemps. Pour voir si avec des dix cennes et des trente sous, on peut bâtir quelque chose de sérieux.

— Monsieur le curé dit qu'ils ont un actif de $242.

— Qu'est-ce qu'il connaît à l'argent, celui-là? Deux cent quarante-deux piastres! Tiens, la paye de mes employés au magasin, pour une semaine, vaut plus que tout l'argent de la banque à Desjardins.

— Tes employés viennent pas au magasin déposer leurs économies; ils vont chez monsieur Desjardins.

— Je leur parlerai, eux aussi. Il souffre de la manie des grandeurs, ton petit sténographe qui joue au grand financier. Il peut attraper les nigauds; il ne nous attrapera pas!

**Canadianisme pour tirelire
* Canadianisme pour institutrice

— Monsieur Ferland, le gérant chez Carrier et Fils, est venu déposer de l'argent quand je suis allé à la Caisse.

— C'est son affaire s'il veut perdre son argent. Ton père à toi, mon garçon, te dit que la banque à Desjardins, c'est une triste histoire de pauvres diables qui s'illusionnent. Ce n'est pas avec les sous des pauvres gens qu'on bâtit des banques. Qu'est-ce qu'il peut bien connaître d'une banque, ton Desjardins?

— Ce n'est pas une banque!

— Je comprends que ce n'est pas une banque! Le gouvernement ne veut pas la reconnaître, sa banque, à Desjardins.

L'impression des règlements de la Caisse

Le fondateur aussi se préoccupe de cette reconnaissance légale. Conscient des moqueries, de l'antagonisme de plusieurs de ses concitoyens, non insensible à leurs railleries, il songe aux moyens de maintenir la confiance des premiers épargnants et de gagner celle des nouveaux.

Le Secrétaire provincial, l'honorable Adélard Turgeon, l'aidera. Ce ministre du gouvernement Parent intervient à l'Assemblée Législative du Québec. Il commente les statuts de cette nouvelle association et ses principes. Le 25 mars 1901, il obtient de l'Assemblée l'autorisation d'imprimer les règlements de la Caisse populaire de Lévis. Il commande 8000 exemplaires, distribue les premiers aux députés et remet le reste au secrétaire de la jeune coopérative.

Desjardins respire. Une inquiétude financière de moins. Le fondateur, faute de capitaux, avait dû se contenter d'imprimer une description succinte des principes coopératifs dans le livret des sociétaires. Dorénavant, il peut remettre à chaque membre la copie complète et imprimée par le gouvernement des Statuts et Règlements de la Caisse populaire de Lévis. Les dénigreurs de la nouvelle coopérative pourront, à leur tour, étudier l'esprit et les mécanismes de l'institution. Desjardins n'aura pas consacré trois années de recherches et de réflexion pour se faire traiter d'improvisateur. Le geste de son ami Turgeon a aussi l'avantage de reconnaître l'utilité publique de la Caisse. Faute d'une loi officielle, la Caisse bénéficie au moins d'une reconnaissance gouvernementale...indirecte.

Aucune vanité personnelle dans ce succès encourageant. Desjardins songe à la protection des sociétaires, à la diffusion des principes d'économie et d'épargne auprès du plus grand nombre possible de coopérateurs éventuels. Il sait que d'autres, avant lui, ont fait confiance à de telles valeurs. Ils ont dû surmonter les premières difficultés. C'est le lot de toute nouvelle fondation de ne devoir trouver qu'en elle-même et dans l'énergie de ses fondateurs une source profonde de sa survivance initiale. L'aide extérieure apportée à l'oeuvre naissante facilitera toutefois la tâche du fondateur. L'impression et la distribution des Statuts et Règlements concourent à l'information du public. Elles enrayent les détractions que génèrent trop souvent l'ignorance, l'indifférence ou la mauvaise foi. Les sociétaires peuvent comparer ces détractions aux faits contenus dans un imprimé décrivant en noir et blanc les clauses régissant la nouvelle association.

Apprenons d'abord à travailler ensemble

Le tempérament et la formation de Desjardins ne l'incitent pas à la rêverie, à l'utopie, à l'improvisation ou à la précipitation. Il a su s'entourer de compagnons dont l'audace est tempérée par la patience, la réflexion et l'expérience. Il n'y a pas eu de place dans l'histoire des Caisses pour la bravade: tout l'espace fut comblé par le souci minutieux de protection des sociétaires.

Si Desjardins peut écrire à l'un de ses correspondants assidus, Charles Rayneri, avant la fondation de la Caisse, qu'il en prévoit l'expansion, il ne précipite rien. La prudence acquise en frôlant l'insécurité durant sa jeunesse ne se démentira pas à l'âge mûr. Nul ne renie en quelques semaines ou quelques mois des habitudes ancrées et durement acquises. Desjardins veut bien révéler à son correspondant son vif désir d'élargir éventuellement le rayonnement de la Caisse; il s'en tient d'abord à l'unique et essentielle occupation de consolider son premier champ d'action, à Lévis. Les co-fondateurs partagent cet esprit de prudence et de sagesse. L'enthousiasme des premières heures de succès peut conduire à une euphorie tentatrice. La maturité de Desjardins, qui prévoit une expansion acceptable, l'incite à se confiner à cette première Caisse.

Les premiers bureaux de perception se concentrent sur le territoire limité de la paroisse. Les opérations d'épargne et de crédit s'effectuent en toute confiance, selon les règlements connus et expliqués, admis et respectés. La tâche du percepteur et du gérant est précise et stricte. Les fréquentes réunions des administrateurs et des commissaires permettent de suivre chacune des opérations. Même éloigné de Lévis, Desjardins surveille le déroulement des activités quotidiennes. Quand il revient d'Ottawa, en juin, il préside la onzième séance, remercie ses collaborateurs et assume à nouveau la gérance entière de la Caisse.

Dès la fondation de décembre, des gens étaient venus des villages voisins, Saint-Henri, Bienville, Lauzon.

— Nous pourrions établir des bureaux dans toute la région, dans le comté. Tout le monde bénéficiera d'une institution aussi valable et nécessaire!

— Ne sacrifions rien à l'essentiel. Réussissons d'abord à voir comment une première Caisse fonctionne avant d'en créer d'autres. Nous devons apprendre nous-mêmes à travailler ensemble.

— Nous demeurons à côté; vous pourriez venir travailler avec nous.

— Je peux bien animer un groupe mais ce sont les gens d'une même paroisse qui doivent décider entre eux de s'entraider, de travailler en commun. C'est ça la mutualité, la fraternité, la coopération.

— Puisque tous les règlements sont clairs, pourquoi attendre?

— Les règlements sont importants mais l'apprentissage des relations humaines l'est davantage. À Lévis, nous apprenons à travailler ensemble. On verra plus tard.

Ce fut à l'été, en juillet 1901, que les mutualistes de Lauzon fondèrent la deuxième Caisse populaire de l'Amérique du Nord. Desjardins avait refusé toute expansion. Il aura fallu sept mois d'activité, dans la paroisse-mère, à un mille de distance, avant que Desjardins accepte une deuxième coopérative. Il n'y aura pas d'autres Caisses avant 1905. Desjardins aura laissé mûrir durant quatre ans la première expérience économique et sociale; il admettait, en son for intérieur, que le temps collabore avec les choses, les êtres et les événements. Une oeuvre peut ainsi se perfectionner sans la bousculade hâtive. Les illusions s'estompent d'elles-mêmes; elles ne peuvent plus se substituer à la raison. Desjardins est une homme de raison, pas d'impulsion.

CHAPITRE VIII

Angoisses et joies familiales
(1901-1905)

Un premier bachelier ès arts

Deux sessions prennent fin en ce mois de juin 1901. Celle des parlementaires d'Ottawa libère le Rapporteur officiel des débats; les députés ne reviendront en Chambre qu'à la fin janvier 1902. Alphonse Desjardins peut revenir à Lévis et se pencher plus attentivement sur les livres comptables de la jeune Caisse. L'autre session, toute différente, achemine Raoul Desjardins, le fils aîné, vers la fin de son cours classique et les examens de l'Université Laval. Il ne s'agit pas, cette fois, de simples examens collégiaux; ce sont les trois jours solennels qui sanctionnent dix années d'études sérieuses. Entré au Collège de Lévis en septembre 1891, deux ans avant les Éléments-Latins, le jeune homme entrevoit maintenant la possibilité imminente de devenir un bachelier ès arts de l'Université Laval de Québec.

Au temps lointain d'Antoine Roy dit Desjardins, au dix-huitième siècle; au temps du père François Roy dit Desjardins au début du dix-neuvième siècle, les Roy dit Desjardins de Saint-Jean-Port-Joli n'ont fréquenté que la petite école du village. Ils l'ont vite délaissée, oubliée, pour revenir aux exigeants travaux de la terre. La famille avait besoin des bras des filles et des garçons.

La troisième génération, née au milieu du siècle, avait retardé l'échéance du retour rapide à la terre familiale.

Les sept fils de François Roy dit Desjardins avaient prolongé de deux ou trois ans leur séjour à l'école. Leur mère, Claire Miville-Deschênes, jeune épouse passant à quinze ans des bancs de l'école au lit conjugal, avait résolument maintenu ses garçons au collège. Ils avaient au moins terminé le cours commercial de Lévis. Quelques-uns, entre 1860 et 1886, malgré la maladie du père et à cause de la détermination de la mère, s'étaient hasardés à retourner au collège compléter les deux premières années (Éléments et Syntaxe) classiques. Le Collège n'offrait pas d'autres cours; les finissants de «neuvième année» se lançaient à la conquête du marché du travail. La vie les accueillait en pleine adolescence, vers quinze ou seize ans.

Un bachelier ès arts est une denrée rare au temps de nos ancêtres!

La quatrième génération, celle du tournant du siècle, connaît la fidèle traversée des longues années d'études classiques. Pour la première fois dans l'histoire des Desjardins, quatre garçons deviennent bacheliers.[27] (Il n'y avait alors aucune possibilité pour les jeunes filles de poursuivre de telles études dans nos collèges classiques... masculins. Les plus tenaces, ou favorisées, parvenaient à terminer une versification dans le cours Arts et Lettres).

Notaire comme papa

Une centaine de collèges et séminaires préparent les grandes fournées de bacheliers ès arts depuis la deuxième moitié du dix-neuvième siècle. Plusieurs curés de paroisses, au premier quart du siècle, ont abrité les premiers embryons dans leur presbytère.

---

27. Raoul Desjardins (1901), Edgar Desjardins (1902), Paul Desjardins (1912) et Charles Desjardins (1920). À noter toutefois que Georges Desjardins (1885-1892 à Lévis), fils de Louis-Georges Desjardins, frère d'Alphonse, obtint son baccalauréat le premier. Il devint prêtre par la suite.

— Que feras-tu quand tu seras grand? demandent les visiteurs.

— La même chose que papa, répondaient alors des milliers de collégiens.

En 1900, ils ne pouvaient formuler rapidement une telle réponse; la rareté des bacheliers ne s'y prêtait guère et une grande partie de ces rares élus se destinaient à la prêtrise.

En cette fin de juin 1901, sessions parlementaires et collégiales terminées, Dorimène et Alphonse Desjardins revêtent leurs vêtements des grands jours. Dans leur chambre à l'étage de la maison blanche du parc, ils sourient et se préparent. Ils vont au collège assister à la solennelle distribution des prix de fin d'année. La belle robe à crinoline et le grand chapeau à plumes sont prêts. Avec fierté, ils ramèneront leur fils aîné à la maison, Raoul Desjardins, B.A.

— Fini le flânage à la petite école, mon garçon, auraient déclaré nos ancêtres. Voilà tes vieilles culottes, file à l'étable t'occuper des vaches. Dorénavant tu tourneras les mottes de terre au lieu des pages de livres.

— Fini le collège, mon garçon, déclarent nos pères. Quand commences-tu à travailler?

...Comme si au collège, il n'y avait pas eu de vrai travail...

— Fini le collège, mon garçon, constate Alphonse Desjardins. Qu'est-ce que tu étudieras à l'Université?

— J'aimerais devenir notaire, répond Raoul Desjardins.

...Et toi, que feras-tu quand tu seras grand? demande le chef de la cinquième génération au fils de Raoul Desjardins...

— Notaire comme papa, répondra Jacques Desjardins en 1937.

La nouvelle tradition est bien ancrée.

Si tu écrivais à ton ami Rayneri!

La Caisse populaire de Lévis a célébré son premier anniversaire. Une centaine de sociétaires, réunis en assemblée, sont venus manifester leur confiance à l'équipe de fondation. Les amis du début demeurent fidèles et présents: Joseph Délisle, Louis-Joseph Roberge, Pierre Ferland, Joseph Gosselin, Théophile Carrier, Napoléon Lemieux et Joseph Verreault. Tous renouvellent avec plaisir le mandat du président-gérant.

À la maison, les enfants songent à la messe de Minuit, aux étrennes du Jour de l'an, aux visites chez l'oncle Louis-Georges à Québec. Peut-être bien que «ma tante Clarisse et mon oncle Anthime» viendront d'Ottawa avec grand-maman. Si le grand Georges vient à Lévis, il pourra célébrer sa messe à l'église paroissiale, son oncle Alphonse en serait bien fier!

Au premier de l'an 1902, le père donne la bénédiction à ses sept enfants.

— L'an prochain, ils seront huit, murmure Dorimène.

— Le jeune Almanzor a-t-il l'intention de faire la grande demande cette année?

— Voyons donc, Mercédès vient à peine d'avoir vingt ans.

— À vingt ans, ma mère avait déjà quatre enfants!

— Il ne s'agit pas de ta mère ou de ta fille, mon vieux. Si tu écrivais à ton ami Charles Rayneri, tu pourrais lui demander s'il accepterait de devenir le parrain de notre prochain enfant.

— Tu es...tu es...certaine?

— Le docteur et moi l'attendons au début de juin, ce petit...Charles. Maintenant que dirais-tu de passer à table?

— Doucement Mignonne, ne te fatigue pas trop.

— Voyons, voyons, j'ai encore six mois devant moi!

Deux années de répit

Le directeur de la banque populaire de Menton, monsieur Charles Rayneri, accepta de devenir le parrain du nouveau-né, Charles Desjardins.

Le père revint au foyer trois semaines avant la naissance de son dernier enfant, la session parlementaire s'étant terminée plus tôt. Du vingt-sept janvier au dix-huit mai 1902, Théophile Carrier avait remplacé Desjardins à la gérance de la Caisse. Le 7 juin, personne ne remplaçait l'heureux père aux fonds baptismaux.

Madame Desjardins ne changea rien à ses habitudes d'accueil; les sociétaires conservaient les leurs et venaient souvent à la maison plutôt qu'au bureau de la Caisse populaire dans la salle des Artisans. Deux semaines après la naissance du petit Charles, elle accompagnait son mari au Collège pour sa première sortie de «relevailles». Personne n'aurait pu la retenir au lit le jour où son deuxième fils, Edgar, recevait son diplôme de bachelier ès arts.

L'automne remplace l'été. La mère attentive se promène entre le berceau du dernier-né et la chambre des grands garçons. Raoul retourne à Montréal en deuxième année de Droit; Edgar l'y accompagne car il s'est inscrit en Art dentaire. À neuf ans, Paul-Henri fréquente encore la petite école; à cinq ans, Léon...

— Mon Dieu que les années passent vite, songe la mère, Léon commencera l'école l'an prochain! Mercédès est maintenant majeure et les petites, Adrienne et Albertine grandissent. Treize ans, onze ans!

La table de travail d'Alphonse Desjardins est toujours couverte de documents, de livres. Durand et Rayneri viennent d'envoyer un exemplaire de leur Manuel pratique. L'Union des Caisses rurales et ouvrières françaises s'en sert régulièrement. Il faudrait prendre le temps de l'adapter à notre milieu si seulement la première Caisse canadienne peut recevoir la reconnaissance légale. L'argent des sociétaires est bien protégé; la responsabilité est limitée aux parts sociales confiées à la Caisse, mais la responsabilité morale!

La dernière lettre de Luzzati chasse un instant les soucis de Desjardins: «En considérant la valeur des forts champions qui, comme vous, lèvent le drapeau de la coopération, j'augure que son rôle sera très grand», écrit le député-ministre italien à son correspondant lévisien. Le témoignage de cet ami est réconfortant. Le comte Luigi Luzzati a lui-même fondé en Italie la première banque populaire, à Lodi en 1864. Il s'y connaît en crédit populaire; il est même devenu ministre des Finances de son pays. D'Angleterre, Henry Wolff ne cesse de renseigner Desjardins sur les mouvements coopératifs à travers le monde. L'échange de courrier entre Lévis et l'Europe se maintient tout au long de ces années fébriles.

1903 achève. La session est particulièrement longue; début mars, fin d'octobre. Desjardins emporte avec lui, dans ses déplacements hebdomadaires, la nouvelle loi des associations agricoles du Québec sanctionnée en 1902. Il l'annote méthodiquement.

— Ce serait un beau cadeau d'anniversaire pour mes cinquante ans l'an prochain, une loi pour la Caisse!

Un père en deuil

En mars 1904, Desjardins confie la caisse à son ami Théophile Carrier qui s'en est occupé l'année dernière. Le Rapporteur des débats retourne à Ottawa s'acquitter de sa tâche. Chaque semaine, le courrier lui apporte des nouvelles de la maison. Les petites filles écrivent à leur père qui leur répond: «Écris-moi, ça me fait du bien quand tu dis que tu m'aimes».

Les semaines sont longues, loin du foyer, et le père s'ennuie de sa femme et de ses enfants. Il songe à eux au cours des veillées solitaires. Au début de mai, il revient de toute urgence à la maison. Léon de la Broquerie est malade, il meurt un mois avant d'atteindre ses sept ans. Le mois dernier, il avait écrit à son père qui lui répondait: «Tu sais fort bien que je t'aime tendrement et que je m'ennuie de toi. Je t'embrasse mille et mille fois en te serrant dans mes bras. C'est avec bien grand plaisir que j'ai reçu la lettre que tu m'as fait écrire, j'ai été heureux de voir que tu avais pensé à moi.»

Le coeur lourd, le fonctionnaire reprend le train et poursuit son travail jusqu'à la mi-septembre 1904, à la fin des travaux parlementaires.

L'Histoire retient peut-être le souvenir d'un homme au visage sévère et solennel, encadré et figé aux murs de milliers de Caisses populaires. La Légende perpétue le mythe d'un pauvre petit garçon affamé qui pleure à la boulangerie et, plus tard, rencontre les grands de ce monde, rutilant cordon de Commandeur au cou! La vérité est plus humaine. Il existe un père de famille qui parcourt plus de quatre cents kilomètres pour aller gagner sa vie durant un quart de siècle. Il existe un homme dont la correspondance personnelle s'imprègne de tendresse et d'amour.

«Lorsque tous, nous serons réunis en famille, écrit-il aux siens, nous aimant bien fort les uns les autres, nous aimant d'autant plus que nous n'aurons pas pu nous le dire et redire pendant quelques mois, du moins de vive voix» ne demeure pas un témoignage de froideur et de calcul. Tout ce que l'éloignement rend difficile, le coeur de l'homme le crie et le répète dans chaque lettre.

Le Commandeur Alphonse Desjardins, ce prestigieux novateur qui donna naissance à un empire contemporain de milliards de dollars, n'a jamais existé que dans l'imagerie décoratrice. La gloire et la renommée peuvent figer dans l'immortalité des traits impersonnels; la vie et l'amour ne perdent aucun de leurs droits. Un homme a vécu, le coeur débordant de tendresse à l'égard des siens, tout entier au service des êtres humains.

En ce soir de mai 1904, un quinquagénaire endeuillé refoulant ses larmes, va courageusement travailler, sans révolte, sans amertume. «Rien ne nous enseigne mieux la valeur du bonheur que Dieu nous donne, écrit-il aux siens, que d'en être temporairement privé». Ce n'est pas un cri de désespoir mais un élan de confiance envers Celui auquel Job, autrefois, disait: «Seigneur, vous m'avez tout donné, vous m'avez tout ôté, que votre saint Nom soit béni». Pour consacrer sa vie au service des autres, Alphonse Desjardins sait qu'il doit l'abandonner d'abord à la volonté divine.

Un loyal effort de propagande

La volonté de Dieu inspire les gestes des chrétiens; elle ne les empêche pas d'en poser qui sont plus directement matériels! Desjardins n'attend pas de sa foi le succès de ses travaux. Il constate que les efforts de ses collaborateurs et le dévouement de ses amis ne suffisent pas à surmonter l'apathie d'un grand nombre de concitoyens.

L'actif de la Caisse vient d'atteindre $20,000; la Société d'épargne et de crédit de Lévis demeure pour plusieurs la «banque à Desjardins», une aventure dérisoire aux yeux des sceptiques. Pour les serviteurs acharnés du profit, le capital constitue un trésor de haute puissance que des principes de solidarité humaine et de coopération quotidienne ne peuvent remplacer. Aux yeux de ces irréductibles incrédules, la coopérative de Lévis est une chimère transitoire, un ersatz temporaire. Elle n'attire que les pauvres et les démunis, les enfants et les naïfs, persistent-ils à déclarer.

122

«La banque à Desjardins? À quoi ça sert! Déposer son argent dans une institution aussi respectable et solide qu'une banque à charte, c'est une chose; la confier à Desjardins, c'en est une autre. Tiens, la banque à Desjardins ne vaut même pas la bebelle à Robitaille! Au moins, la Caisse d'Économie à Québec fait des profits puisqu'elle les donne à la Société Saint-Vincent-de-Paul. Qu'est-ce qu'ils font des profits, les Desjardins?»

Dorimène et Alphonse Desjardins ne savent qu'en faire; il n'y en a pas! Le fondateur de la Caisse contrôle les opérations; sa femme, ses amis et lui-même travaillent gratuitement.

Confiant que l'épargne populaire convient aux besoins naturels des sociétaires; conscient que les dénigreurs ne renonceront pas à leur opinion, Desjardins décide d'apporter à la Caisse naissante une prestigieuse auréole. Il ira lui-même solliciter l'appui des grands de ce monde; il songe à mettre l'Église et l'État au service de l'idéal coopératif. Il s'agit surtout d'un habile et loyal effort de propagande pour démanteler les réseaux d'objecteurs, pour réconforter les sociétaires ébranlés par les calomnies, pour convaincre d'autres concitoyens de se joindre aux premiers coopérateurs.

Il révèle le résultat de ses démarches à l'assemblée générale des membres de la Caisse, le 22 décembre 1904: «Une nouvelle de la plus haute importance pour le développement futur des sociétés populaires économiques au Canada, c'est la fondation d'une association de propagande: *L'Action populaire économique*». Le nouveau directeur général de l'A.P.E. réunit des personnalités influentes. En tête comme président d'honneur, Son Éminence le Cardinal Bégin, archevêque de Québec; deux vice-présidents: l'honorable E.J. Flynn, ancien premier ministre (conservateur) du Québec et l'honorable Adélard Turgeon, Secrétaire de la Province dans le gouvernement

Parent. (Le sang bleu de Desjardins ne pâlit pas; de toutes façons, les conservateurs demeureront au gouvernement jusqu'à l'avènement éventuel de Taschereau). La «commission exécutive» s'honore de la présence du député de Lévis, Cléophas Blouin, du rédacteur en chef de *L'Action sociale*, Omer Héroux, de messieurs J.-Alphonse Couture, Charles Langelier et Sir Thomas Chapais.

Ces éminents patrons d'honneur prêteront leur nom à l'association de propagande. Desjardins se sentira plus rassuré à l'ombre de ces protecteurs moraux; il ne renoncera pas pour autant aux plus durables valeurs coopératives: l'aide que les sociétaires s'apportent eux-mêmes par leurs opérations d'épargne et de crédit.

Le régime de droit commun

La fondation de l'A.P.E. ne demeure qu'une garantie morale, un palliatif publicitaire aux sourires moqueurs des détracteurs. Desjardins poursuit son cheminement. Il sait que la coopérative demeure une institution sans autre reconnaissance que celle des régimes de droit commun. Fort de l'appui moral nouveau, il s'empresse de proposer à l'un de ses amis parlementaires d'intervenir à Ottawa en suggérant un projet de loi en Chambre. Le député de Jacques-Cartier, F.D. Monk, étudie les statuts de la Caisse. Son intervention ne soulève guère d'intérêt; le projet n'emballe personne et le débat attendu n'a pas lieu.[28]

Il se présente, ce débat, mais d'une façon inattendue.

En régime de droit commun, expliquent à Dorimène Desjardins de bonnes âmes renseignées, les $40,000

---

28. À ce sujet, lire le témoignage du sous-ministre du Travail, en mars 1905; Mackenzie King correspond avec Desjardins et publie un article dans la Gazette du Travail, à propos des buts de la Caisse populaire.

confiés à la Société, que vous gérez en l'absence de votre mari, engagent votre réputation et votre honnêteté personnelles. Qu'arriverait-il en cas de perte, de vol, d'insuccès, de faillite, de difficultés? Et les bonnes âmes de manier l'argument le plus astucieux: «L'avenir de vos enfants et le vôtre s'en ressentiront cruellement».

Les administrateurs, en 1905, ont confié la gérance officielle de la Caisse à Dorimène Desjardins. Elle ne s'inquiète pas tant de la sécurité personnelle de sa famille, bien que la réputation de son mari pourrait vraiment souffrir d'un échec involontaire. Elle se soucie vraiment de la sécurité de l'argent pour les familles des sociétaires qui lui ont fait confiance. Cette démarche, de bonne ou mauvaise foi, l'incite à consulter immédiatement son mari car elle est bouleversée. Sans hésiter, elle descend à la gare, amène avec elle son jeune bébé, se rend à Ottawa. Étonné d'une telle visite improvisée, Alphonse Desjardins écoute sa femme. Il la réconforte de son mieux. Dans son esprit, les règlements de la Société, son titre même «à responsabilité limitée» soulignent parfaitement le caractère solidaire et précis de l'association. Les coopérateurs en sont conscients et n'ont pas hésité à faire confiance au gérant; celui-ci a vraiment engagé sa responsabilité morale.

— Et notre responsabilité personnelle? demande Dorimène Desjardins.

Le fondateur propose à sa femme de s'en remettre au jugement moral de l'archevêque de Québec, sa Grandeur Monseigneur Bégin.[29] L'archevêque accueille le couple,

---

29. Concernant cet événement, le sénateur Vaillancourt écrira: «L'appréhension de madame Desjardins ressuscite chez son mari une préoccupation antérieure à la fondation de la Caisse. C'est avec une grande inquiétude, en effet, que le fondateur avait décidé de commencer les opérations avant d'avoir obtenu la reconnaissance légale de la nouvelle institution». (Manuscrit Vaillancourt, page 22).

le bénit, l'écoute et lui recommande de continuer l'oeuvre entreprise.

«Depuis ce jour (de juin 1905), écrira Desjardins au curé de sa paroisse, jamais ma femme ne se démentit un seul instant; elle demeura mon plus ferme appui. Cependant, cet assaut que je subis de sa part fut la plus cruelle épreuve de ma vie. C'est son amour maternel qui l'avait inspirée et je n'ai jamais pu la blâmer. Ce fut d'ailleurs la source d'un des plus précieux encouragements que nous ayons eu de la part de son Éminence.»[30]

Dès son retour à Lévis, après la Session de 1905, Desjardins, fort ébranlé par cette intervention, songe aux moyens immédiats d'obtenir la reconnaissance légale de la Caisse populaire de Lévis. L'échec du député Monk dans sa tentative d'obtenir l'appui d'Ottawa n'aide pas à calmer les appréhensions de Desjardins qui ressent et partage l'angoisse personnelle et familiale de sa compagne de vie.

---

30. L'auteur de *The Poor Man's Prayer*, l'Américain Boyle, a centré la rédaction de sa biographie de Desjardins sur cette visite au Cardinal. Il publie dans son ouvrage une magnifique prière que Desjardins aurait composée à cette occasion.

CHAPITRE IX

Le cheminement sur la voie juridique (1906-1908)

Ouverture sur deux fronts

À sa table de travail chez lui, Desjardins réfléchit au problème de reconnaissance juridique. Il retrouve ses livres, dossiers et notes. De nouveau, il a relu le *People's Bank* d'Henry Wolff; il vérifie le rapport de traduction de l'abbé Joseph Hallé, professeur au Collège de Lévis, sur la diffusion du crédit et la banque populaire italienne de Luigi Luzzati. Il revoit ses annotations dans les manuels d'instruction de Durand quant aux opérations courantes des caisses rurales et ouvrières de France. Il consulte sa correspondance avec Charles Rayneri à propos d'une explication demandée.

Servi par une prodigieuse mémoire scripturaire (Desjardins absorbe idées et techniques par l'annotation), il revient encore aux lettres de Henry Wolff qui explique les buts des Caisses Raiffeisen et des banques Schulze-Delitzsch.

«La coopérative pose des assises solides à la vie économique et culturelle des peuples; non seulement elle conserve la liberté individuelle et la propriété privée mais elle cherche à les rendre accessibles aux cercles les plus larges de la population», explique Wolff en reprenant les termes d'Hermann Schulze, fondateur des banques coopératives urbaines à Delitzsch en Allemagne.

Depuis neuf ans, l'esprit tenace et logique de Desjardins s'acharne à préciser les buts de son action vigoureuse, à suggérer la pratique méthodique de l'épargne, le recours à la solidarité locale. Il connaît bien les méfaits de la pauvreté et de l'endettement; il lutte systématiquement contre eux. Depuis cinq ans, il n'a cessé d'en décrire les ravages et de proposer des mesures concrètes de prévention. Il sait qu'il ne devra pas se limiter aux bienfaits d'une seule caisse populaire. L'actif de la Caisse populaire de Lévis, avec plus de $50,000, en prouve la viabilité. Aucune expansion ne sera envisagée tant que toutes les mesures de protection ne seront pas clairement établies dans un cadre juridique bien défini. Il veut s'en assurer auprès du gouvernement. C'est à ce niveau que le rayonnement éventuel deviendra possible pourvu que des lois coopératives soient en vigueur. Il oeuvrera donc sur deux fronts à la fois. La loi des syndicats coopératifs devient la priorité à laquelle il consacre tous ses efforts. De Québec ou d'Ottawa, il veut obtenir satisfaction. Par une telle ouverture, il entend amorcer le débat qui débouchera sur la reconnaissance légale, la cimaise coopérative de toutes les caisses nécessaires.

Les préoccupations sociales

Depuis l'approbation provinciale des associations agricoles en 1902, Desjardins étudie le texte de cette loi. Il scrute chacune des clauses et les annote méthodiquement. Il les reformule lui-même, prenant en considération les conséquences pratiques et les implications humaines. Il avait agi de la même façon, trois ans plus tôt en étudiant les statuts européens des coopératives d'épargne et de crédit. Il n'avait retenu que les données pratiques et les principes qu'il pouvait adapter à son milieu. En homme de jugement, Desjardins sait qu'il doit comparer ses notes avec les faits contrôlables. Le propre d'un novateur n'est pas de changer les faits contrôlés mais de contrôler les changements possibles.

Cette fois, il ne s'agit plus de changement ou d'adaptation. La Caisse de Lévis existe depuis cinq ans et son gérant peut citer des centaines de faits concrets et vécus. Il ne s'y attarde pas, il les contrôle pour en dégager les règles générales à préciser. Il veut exprimer les généralités à déduire en tenant compte rigoureusement de la pratique quotidienne de la coopération vécue. C'est ainsi que le rapport bien vérifié entre les faits et les principes lui permit de donner une portée universelle à un texte éventuel de loi. Il rédige en dix points la première charte de toutes les futures Caisses d'épargne, d'économie, de dotation et d'établissement.

Le deuxième article de cette charte révèle toutes les préoccupations humaines et sociales du rédacteur. Derrière les mots alignés sur sa tablette, Desjardins cisèle des objectifs déjà contrôlés: «venir en aide, féconder l'esprit d'initiative, assurer la pratique des vertus chrétiennes, combattre l'usure, enseigner le respect des engagements, faire naître le sentiment de la dignité personnelle».

Nous sommes loin des grandes théories que les penseurs de la coopération attribuent aux chartes de fondation; nous sommes même fort loin des utopies que les intellectuels y décrivent. Phalanstère de Charles Fournier? Villages de Robert Owen? Aucune concession à l'imagination, si évocatrice ou tentatrice puisse-t-elle être. Desjardins se soucie du bien-être de la société qu'il connaît et se limite à un idéal coopératif d'entraide et de solidarité. Positif, pragmatique, il privilégie les vertus morales de travail et d'honnêteté en les associant à la sagesse et à la prudence. Il fait confiance à la prévoyance et à la dignité des gens tout en alliant ces qualités à l'intégrité et à l'économie. Aucune digression, aucune concession: une charte mûrie par neuf années de réflexion et de recherche, par cinq années de contacts quotidiens avec la réalité.

Les sociologues objecteront, sans doute, que Desjardins enrobe chacun des buts dans une formule discrètement restrictive. Si la coopérative d'épargne et de crédit veut venir en aide aux sociétaires qui la forment, elle devra pratiquer un usage «sage et prudent du crédit»; si l'emploi doit être conforme à l'esprit de la fondation, il sera «préalablement communiqué à la Société et approuvé par elle». Si la Société d'épargne féconde l'esprit d'initiative et génère un travail local, ce sera par «l'emploi prudent de l'épargne produite dans sa circonscription». Desjardins n'a pas voulu fonder les opérations de la Caisse populaire sur la philanthropie mais sur l'honnêteté et la solidarité des épargnants. Il jugea, après une expérience acquise au centre même des opérations de la première Caisse populaire, que l'engagement personnel fortifie le sens des responsabilités aux plans individuel et social.

Les stylistes objecteront, avec raison, que l'écriture de Desjardins est laborieuse. Sa phrase est longue, les subordonnées et les relatives abondent. On n'y décèle toutefois aucun recours à la rhétorique, aucun artifice littéraire ou stylistique. Il préfère la répétition et l'insistance à la litote ou à l'ellipse. Les stylistes pourront toujours fonder leur propre coopérative de dégustateurs de phrases simples: les législateurs de 1906 n'avaient pas la plume légère et Desjardins ne laissait rien au hasard. Mieux vaut préciser deux fois qu'oublier d'en parler! Mieux vaut élaborer davantage que risquer la confusion. Être explicite et clair exige un minimum de précisions que Desjardins préfère renforcer.

Au pied du cap Diamant

Son texte proprement calligraphié, Desjardins se rend auprès de son ami l'avocat Eugène Belleau, échevin de

Lévis. Il lui présente la charte envisagée et les notes de travail reliées aux motifs de ses recommandations. Le Rapporteur des débats parlementaires est familier avec la présentation des documents officiels! Les deux hommes consacreront l'automne tout entier à la discussion et à la nécessité de chacun des articles. D'un commun accord, ils décident ensuite de confier le document aux artisans de la politique gouvernementale.

Le souvenir de ses amitiés d'enfance persiste et joue en faveur de Desjardins. Le collège qu'il a fréquenté compte des «Anciens qui font honneur à leur Alma Mater» selon la formule classique. Évidemment, lorsque l'un de ces anciens est ministre au Parlement du Québec, il est normal de faire appel à son aide. Les deux hommes, Belleau et Desjardins, sûrs de la bonne qualité de leur texte, demandent à Lomer Gouin de piloter le projet de loi au tout début de la session provinciale de 1906. Lomer Gouin dépose devant l'Assemblée législative le premier texte de *La Loi des syndicats coopératifs*.

De la tribune de presse où Desjardins s'assoyait au temps de l'honorable Honoré Mercier, il y a vingt ans, pour inscrire et résumer les débats parlementaires, il écoute maintenant les orateurs débattre ses propres idées. Le Premier ministre, Lomer Gouin, obtient facilement l'approbation du principe en première lecture. L'opposition de Tellier se rallie sans hésitation au gouvernement. Le vote en deuxième lecture conduit le projet au comité plénier. Quelques questions fort secondaires sont posées. Réponses formulées, la troisième lecture a lieu. En avril 1906, l'Assemblée approuve et la loi est sanctionnée. Desjardins est ravi. Le long effort qu'il s'était imposé pour préparer les clauses de ce projet ont porté fruit. Dans la même ligne de pensée, il avait collaboré à la rédaction des règlements de la mutuelle des fabriques du Québec (fondée en 1835) et réorganisée en

1905. Les administrateurs avaient fait appel à son expérience car il venait de participer directement à la fondation de la mutuelle-incendie des cultivateurs de Lévis, à Saint-Louis de Pintendre. Deux années de «terminologie législative» qui aboutissaient à une loi attendue depuis 1900.

Mignonne, si nous allions nous reposer

Alphonse Desjardins convoque aussitôt une assemblée générale spéciale. Il déclare aux sociétaires de la Caisse populaire de Lévis, le 27 juin 1906: «Un fait législatif de la plus haute importance pour notre association et plein aussi de brillantes promesses pour l'idée dont tous ensemble nous avons été les pionniers au Canada (...) C'est l'approbation la plus flatteuse dont nous puissions rêver. Toute cause d'hésitation et de timidité étant disparue, notre société peut maintenant prendre son essor, développer ses opérations, étendre ses activités dans le domaine économique. Elle peut rendre de bien plus grands services aux travailleurs de tous genres pour le bénéfice desquels elle a surtout été fondée, tout en gardant avec un soin jaloux son caractère essentiel d'une pure coopérative.»

Une telle envolée, truffée de superlatifs enthousiastes, démontre la joie et la satisfaction de son auteur. Elle révèle aussi toute l'ampleur de l'angoisse refoulée de Desjardins: «toute cause d'hésitation et de timidité étant disparue». Elle souligne un aspect admirable de sa nature qui sait allier l'audace à la prudence, la confiance à la patience. Il aura attendu six ans pour annoncer publiquement ce qu'il écrivait discrètement à Charles Rayneri dès octobre 1900, deux mois avant la fondation de la Caisse de Lévis: «Il m'a semblé qu'il serait préférable de créer un type unique pouvant convenir partout...»

Puisque l'étape de la sanction législative est franchie — elle devient avec le recul du temps la première étape historique dans la vie des Caisses populaires Desjardins — le fondateur n'hésite plus: «notre société peut maintenant prendre son essor, développer ses opérations, étendre ses activités...» Le gérant de la Caisse populaire respire, l'homme est heureux, le père de famille et l'époux sont soulagés en ce soir du 27 juin 1906.

— Léon aurait eu neuf ans, après-demain. De là-haut, le petit veille sur nous.

— Comme nous avons veillé sur lui, répond sa femme, sur lui et sur tous ceux qui t'ont fait confiance.

— Mignonne, si nous allions nous reposer maintenant!

Repos mérité mais de courte durée. Depuis dix ans que les lointains débats parlementaires sur l'usure ont amené Desjardins à aider ses concitoyens, il pourrait vraiment se reposer. Il n'en fera rien. Au cours des dix prochaines années, il participera à la naissance d'une nouvelle Caisse populaire, toutes les deux semaines en moyenne!

Campagne de presse à l'âge de fer

Pendant que le père se réjouit de cette loi nouvelle, le fils se présente aux examens de la Chambre des Notaires qui l'accueille en juillet 1906. Parmi les confrères de classe du nouveau notaire, compagnon de promotion de Raoul Desjardins au collège en 1901, un jeune prêtre que ses supérieurs diocésains ont envoyé enseigner à Lévis: Philibert Grondin. Alphonse Desjardins en fait la connaissance. Elle marquera le début d'une collaboration ininterrompue dont l'abbé Grondin lui-même a décrit l'origine.[31]

31. Le nom du Chanoine Philibert Grondin demeure lié à l'histoire des Caisses populaires jusqu'à la moitié du vingtième siècle. Le présent témoignage fut publié en 1936.

«C'était en 1906, l'âge de fer des Caisses populaires. Je ne connaissais guère monsieur Desjardins que de vue. Il était à se promener sur l'avenue Mont-Marie. Avec l'affabilité que tout le monde lui connaissait, il me salue, me demande mon nom; en un clin d'oeil, la conversation tombe sur son oeuvre (...). J'écoutais attentif l'histoire de monsieur Desjardins, ses inquiétudes, son besoin urgent d'aide sérieuse (...). Tout à coup, il s'arrête et me dit: «À l'heure actuelle, ce qu'il me faut, c'est une campagne de presse pour former l'opinion publique. Je n'ai pas le temps de la faire moi-même; j'ai des longueurs dans mon style. Pourquoi ne seriez-vous pas mon homme?

— Mais où publierions-nous notre prose?

Dans le temps, explique le jeune prêtre, les journaux catholiques indépendants n'existaient pas; les autres n'étaient remplis que de chicanes de partis politiques.

— Je connais bien Jules Tardivel de *La Vérité*, répond Desjardins, je vais frapper à cette porte. Nous passerons nos écrits dans cet hebdomadaire.

Et voilà comment un beau matin, termine le chanoine Grondin qui signera ses articles sous le pseudonyme de J.-P. Lefranc, je me suis réveillé journaliste.»

Alphonse Desjardins n'a pas oublié le pouvoir de la presse. Lui-même journaliste au début de sa quête de travail personnel, il en connaît l'importance. Il sait aussi évaluer sa capacité de travail et n'hésite pas à confier à d'autres des tâches importantes qu'il ne peut assumer entièrement. Ce discernement lui permet de se consacrer davantage aux priorités qu'il s'est réservées et de mener à terme les actions entreprises.

Retour au premier front

Assuré d'une équipe de confiance au conseil d'administration avec des hommes de sa génération, d'un attaché de presse et d'un gérant puisque son fils Raoul assume maintenant l'intérim à la Caisse de Lévis, aînés et relève en place, il peut revenir au premier front.

Fonctionnaire fédéral depuis quatorze ans, Desjardins avait amorcé la bataille législative au Parlement d'Ottawa. Après l'indifférence et l'échec de 1905, il poursuit sa correspondance avec le député fédéral de Jacques-Cartier à Montréal et lui envoie le texte de la loi envisagée. Il revient hâtivement à Québec assister aux premières lectures, s'empresse de retourner à Ottawa, fort d'une approbation provinciale.

L'ancien éditeur-propriétaire de *L'Union canadienne* ne renie pas la dernière partie de son journal de 1891: «Avant tout, soyons Canadiens». Le contexte politique d'alors permet facilement d'associer cette préférence impérative aux pressions économiques américaines. Il convient aussi à la mentalité des citoyens de cette époque, convaincus en grand nombre qu'une loi fédérale à la grandeur du pays serait plus avantageuse qu'une loi exclusivement provinciale. D'ailleurs, les relations politiques Ottawa-Québec n'avaient pas, en 1906, la politisation nationale contemporaine. Au strict plan personnel, Desjardins ne s'était jamais caché de sa préférence pour les conservateurs d'Ottawa et leur politique pan-canadienne; il conservait un arrière-goût peu intéressé pour les politiques «provincialistes» de Mercier à Québec.

Au moment où le gouvernement provincial ratifie la loi des syndicats coopératifs, les députés fédéraux écoutent la première lecture du projet 144 «sur les sociétés industrielles et coopératives». Desjardins connaît la mentalité et le vocabulaire des politiciens. Mieux vaut parler d'industries que de syndicats, à Ottawa, même s'il ne s'agit pas alors des associations professionnelles de travailleurs.

Le projet 144 fera la navette pendant deux ans entre la Chambre des Communes et le Sénat, d'avril 1906 à juillet 1908. Il agonisera lentement devant le comité des banques. Pour le moment, débordant de santé et de vie, le promoteur discret est optimiste. Desjardins reçoit l'encouragement et la promesse d'appui de tous ses amis d'Ottawa. Lord Grey lui-même apportera son témoignage devant le comité spécial chargé de l'étude du projet de loi. Le gouverneur général du Canada peut parler des coopératives en connaissance de cause; il a été président de l'Alliance Coopérative internationale en 1895, lors de la fondation.

Les capitalistes s'émeuvent

Examinons les faits généraux et successifs.

En avril 1906, Québec sanctionne la loi provinciale des syndicats coopératifs. Ottawa procède à la première lecture du projet 144 concernant les sociétés industrielles et coopératives.[32] Dix mois plus tard, en décembre 1906, deuxième lecture du projet devenu maintenant le «bill 2». L'Opposition s'organise de l'intérieur et de l'extérieur. Les «ruades du capitalisme et les défenseurs du bénéfice de quelques-uns aux dépens des masses»[33] montent à l'assaut de la colline parlementaire. L'Association des marchands-détaillants, fidèle chien de garde des prérogatives du capital, accourt à Ottawa.

La Chambre Basse forme un comité d'étude avant la troisième lecture, selon ses habitudes. La session de

---

32. *Alphonse Desjardins, artisan de la coopération*, A. Faucher et C. Vaillancourt, Lévis 1950 (manuscrit pp. 25-28).

33. Ces expressions citées par le Père Papin Archambault, s.j. sont extraites de la correspondance de Desjardins en 1911 avec le directeur de la maison des retraites. Elles paraissent dans *Silhouette de Retraitants* (page 155), Montréal 1943.

1906 se termine et le projet de loi qui deviendra le «bill sur la coopération» doit attendre la rentrée des députés en 1907. À la reprise des activités, Lord Grey, fidèle à sa promesse, apporte son prestigieux témoignage devant le comité des députés. Durant de longs mois, ce comité écoute d'autres témoignages et dépose finalement un rapport favorable. À la fin de l'année 1907, les députés approuvent le projet en troisième lecture. Une première étape importante est terminée; il faut maintenant obtenir l'approbation de la Chambre Haute, celle des sénateurs.

Desjardins et son collaborateur-publicitaire, le chanoine Grondin, alimentent la presse et l'opinion publique peut suivre les lentes péripéties. Le dix mars 1908, les sénateurs se prononcent, en première lecture, en faveur de la loi sur la coopération. Il aurait été difficile de ne pas en accepter le principe. Le vrai débat s'engage dans les couloirs et les bureaux privés. Un grand nombre de sénateurs viennent du monde influent de la haute finance; plusieurs siègent même encore au conseil d'administration de banques à charte. Ils se posent des questions sur le bien-fondé de «caisses coopératives».

À tout considérer, les cinq ou six institutions coopératives d'épargne et de crédit au Canada ne sont guère menaçantes. N'eut-ce été de cette loi à étudier, plusieurs sénateurs n'auraient jamais su que de telles institutions existaient au pays. Toutefois, d'éminents témoignages révèlent leur grand succès à l'étranger. Le Sénat décide alors de consulter le comité permanent des banques et du commerce avant de s'engager plus à fond dans l'étude en deuxième lecture. Trente-neuf sénateurs siègent au comité permanent; attendons leurs recommandations.

Les sénateurs palabrent; les écoliers économisent

«Il a tant travaillé qu'il croyait tenir le succès», écrit Dorimène Desjardins «et voici que tout s'évanouit et que tout est à recommencer mais il est bien décidé à poursuivre son but quand même en dépit de tous les obstacles.»[34]

Alphonse Desjardins a confié la gérance de la Caisse de Lévis à son fils Raoul pour une deuxième année. Sa femme est venue le rejoindre à Ottawa durant trois mois, partageant les inquiétudes, les espoirs, assistant aux débats. Déçu des interminables renvois d'une session à l'autre, oubliant sa crainte des intrigues extérieures, Desjardins revient à ses préoccupations prioritaires. Il lance dans sa paroisse la campagne de *l'épargne par le sou*. Pendant que ces vieux messieurs palabrent, la jeunesse écolière économise. En trois mois, les enfants de Notre-Dame de Lévis, de Saint-Romuald et de Saint-Joseph-de-Bienville déposent cent mille sous à leur coopérative.

À l'automne, le fondateur répond à l'appel des coopérateurs du monde rural. Il prend le train et se retrouve à Paquetteville, Compton, et à Saint-Isidore-de-Dorchester. Durant quatre heures, ce soir, il a participé avec les villageois à la fondation de deux nouvelles Caisses populaires. Il couche au presbytère. Le lendemain, il explique en détail les opérations financières aux curés des deux paroisses, préside à l'élection des conseils et commissions et revient à la maison.

Là-bas, au Sénat, le comité permanent discute. Desjardins sait maintenant que la décision ne dépend plus de ses amis. L'honorable Rodolphe Lemieux, Lord Grey, les députés Monk et Bourassa (Henri) peuvent retracer le profil de ses travaux, le comité permanent des banques n'est guère enclin à leur faire écho.

«Un mouvement générateur basé sur la coopération», comme l'expliquent les notes de travail jointes au texte

---

34. Lettre de Dorimène Desjardins à sa fille Albertine, 1907, Archives de la Fédération, Lévis.

de la loi, éveille des correspondances inquiétantes à l'oreille des banquiers. Ceux-ci ne peuvent que faire «écho» aux témoignages des banquiers européens et, à l'étranger, les «banques populaires» italiennes, françaises, allemandes semblent occuper beaucoup de place. Les sénateurs canadiens s'émeuvent. Ils ont toutefois la grande habileté de ne pas s'opposer à un «idéal coopératif». Sénateurs et banquiers ne sont pas de naïfs jouvenceaux inexpérimentés.

«Après avoir expliqué que les provinces ont juridiction sur les questions qui font le sujet de ce bill», ces messieurs ajoutent dans leur recommandation du 10 juillet 1908: «Votre comité a l'honneur de faire rapport que, dans son opinion, il n'y a pas nécessité et il n'est pas opportun d'intervenir ni de changer un état de choses si bien établi dans les provinces, il n'est ni nécessaire ni opportun de passer le dit bill.»[35]

Il ressort de cette recommandation du comité permanent des banques et du commerce une conclusion fort claire: les membres du Sénat n'auront pas à intervenir sur cette question. C'est évidemment très habile. Personne ne met en doute le bien-fondé des principes coopératifs, donc les sénateurs n'ont pas à se soucier d'une opinion publique favorable ou défavorable au système capitaliste ou au système coopératif. Le rapport leur permet de ménager la chèvre et le chou. Il spécifie que les provinces ont parfaitement bien établi «l'état de choses», pourquoi les sénateurs interviendraient-ils?

«Le Sénat n'a pas voté contre la coopération, plaidera le sénateur Cyrille Vaillancourt, quarante ans plus tard, il a voté selon la constitution.»[36] Il s'en est fallu de bien peu que plusieurs sénateurs respectueux de la «consti-

---

35. Débats du Sénat, session 1908, volume 2.

36. Notes manuscrites du sénateur Vaillancourt, page 27.

tution» oublient leurs principes constitutionnels. Dix-huit votèrent contre l'adoption de ce rapport et dix-neuf pour l'adoption. «Oubedon* la constitution n'est pas si claire, dirait mon voisin, oubedon* le problème fondamental était délicat». De toutes façons, dix-huit membres de la Chambre Haute recommandent d'oublier ce rapport et de procéder à la deuxième lecture qui favorise la coopération. Ils échouent puisque dix-neuf sénateurs «respectueux de la constitution» votent en faveur de l'adoption de ce rapport mettant fin à toute autre étude.

Un vote de différence! Un homme un vote, quoi? Rigoureuse application d'un principe coopératif pour enterrer une loi coopérative!

Un Noël heureux

Cette année, presque toute la famille assiste à la messe de Minuit. Charles, le petit dernier, a cinq ans et demi; il s'éveille de ses rêves d'enfant tout surpris de ce lever nocturne. Paul est revenu du collège, cet après-midi. Il a maintenant quatorze ans. Les aînés ont quitté leurs bureaux professionnels, Edgar le dentiste et Raoul le notaire. Ils viennent avec joie se retremper dans l'esprit de Noël à la maison. La robe de petite fille d'Albertine s'est allongée, *Mésange* a seize ans. Elle a sa chambre à elle toute seule depuis qu'Adrienne est entrée au couvent des Ursulines de Québec.

Alphonse et Dorimène Desjardins descendent la grande allée de l'église paroissiale. Leur fille aînée, Anne-Marie, les rejoint au bras de son mari tout neuf, Almonzor Lamontagne. La famille se recueille avant la messe de Minuit.

— Je le connais le monsieur, murmure un enfant à ses parents.

---

* Canadianisme pour «ou bien...ou bien»

— Chut, dit le père, on ne parle pas dans l'église.

— C'est le monsieur de la Caisse où je dépose mes sous, déclare fièrement le petit enfant désobéissant.

— Chut, dit la mère, prie le petit Jésus.

— Pour qu'il nous envoie d'autres sous à confier au monsieur de la Caisse? demande logiquement le petit enfant obéissant.

CHAPITRE X

Un orfèvre à l'oeuvre
(1908-1912)

La vie reprend ses droits

La mort a décimé les rangs de la famille Roy dit Desjardins. Le père, François,est mort en 1875; la mère, Claire, en 1896. Des quinze enfants, il n'y a plus que cinq garçons en 1910: Louis-Georges, Joseph, Albert, Napoléon et Alphonse Desjardins.

Quinquagénaire dynamique en bonne santé, celui-ci aborde, sans le savoir, les années les plus débordantes d'activités personnelles. La société d'épargne et de crédit de Lévis a huit ans d'existence; elle servira de modèle à toutes les autres Caisses aux heures et aux années d'expansion.

Notre civilisation moderne dispose de stratèges, d'ordinateurs, d'ordinogrammes et de comité pour planifier le développement d'une idée, le rayonnement d'une institution. Des banques d'expansion industrielle et des fonds gouvernementaux lui facilitent la tâche. Rien de tel n'existe en 1908. L'expansion des Caisses se prépare sans plan déterminé, au hasard des rencontres, des conversations, des bonnes volontés. Mystérieuses correspondances qui réunissent des coopérateurs inconnus. La télévision, la radio n'ont pas encore connu l'usage qu'en font les communicateurs contemporains: ces mots mêmes sont inexistants.

Congrès sacerdotaux permettant à des curés de paroisses de parler des besoins de leurs fidèles à d'autres curés, à des confrères d'un lointain diocèse. — On dit qu'à Lévis il existe une société de bienveillance, de bienfaisance, une sorte de banque populaire?

Réunions d'agronomes ou de cultivateurs, de sociétés agricoles, de colons immigrants, suscitant un échange d'informations imprécises.

— Une espèce de mutuelle où les dépôts des uns servent de prêts aux autres et $50 ou $100 mille dollars en circulation?

Retraites de tempérance, quarante-heures de diocèse, carêmes et avents regroupant des hommes, des femmes et des prédicateurs itinérants. Articles de journaux dans *La Vérité, Le Soleil;* publication des *Témoignages au comité de la Chambre des Communes.* De toutes parts mais de nulle part bien identifiable, l'idée de l'entraide mutuelle germe dans des esprits ouverts à toute forme de coopération bienfaisante. Desjardins est sollicité de partout.

Les déplacements, à cette époque, ne sont pas toujours faciles. Tempêtes de neige, bourrasques, assaut de vents et dégels du printemps malmènent les carrioles et les calèches. Les avions sont inconnus; les automobiles rarissimes. Seul le train assure une communication régulière entre les grandes villes; quelques berlines relient la gare éloignée à la paroisse surgie des rangs. Desjardins emprunte tous les moyens de locomotion. Au besoin, il se rend à pied au presbytère ou au magasin général du village où l'attendent de futurs sociétaires sous de fumeuses lampes à pétrole, près de lourdes fournaises à bois.

Nos vêtements modernes résistent mieux aux intempéries avec leur allure extra-terrestre, leur tissu thermofuge et aquafuge. La garde-robe d'Alphonse Desjardins ne s'approvisionnait pas à un tel appareil vestimentaire. Chemises à cols empesés, pantalons aux plis impeccables, redingote aux basques pressées, haut-de-forme reluisant, en février 1908, Desjardins se rend à Contrecoeur. En mars, il s'enfonce dans le Nominingue au hasard de longues nuits obscures et frileuses. Rien ne rebute le propagandiste bénévole. Le printemps à peine fleuri, en une fin de semaine de mai, Desjardins traverse à Québec, au faubourg Saint-Jean-Baptiste, descend à Montmorency. La session parlementaire le retrouve à son bureau, attentif aux débats des députés. Le soir, il rédige le message qu'il présentera aux jeunes de l'Association catholique de la jeunesse canadienne; sa plume couvre des pages et corrige, précise, allonge. Au Congrès général de l'A.C.J.C., en juin 1908, il peut déclarer: «Dix caisses (...) où le sou est fécond quand on sait l'accumuler avec persévérance, fondées dans le cours des derniers mois, promettent une belle carrière à notre société d'épargne et de crédit.»

Un petit catéchisme nouveau

Avant de quitter Ottawa, Desjardins fonde la première Caisse ontarienne, celle du Service Civil dans lequel il milite depuis seize ans. Il revient au pays natal s'occuper des comptes et des placements de la Caisse de Lévis. Depuis deux ans, il peut s'en remettre à son fils, le notaire Raoul Desjardins, pour assurer l'intérim. Le conseil d'administration a voté vingt-cinq dollars par mois au gérant substitut. Depuis mai 1907, la Caisse assume les dépenses d'un loyer mensuel de deux dollars pour son bureau de perception dans la salle des Artisans. Alphonse Desjardins peut maintenant songer aux autres Caisses.

Plusieurs générations d'écoliers québécois ont abordé l'étude de leur religion dans les 365 questions et réponses du Petit Catéchisme de Nos Seigneurs les Évêques.
— Où est Dieu?
— Dieu est partout.

Les années n'ont jamais réussi à nous faire oublier cette mémorisation sûrement efficace.

— Qu'est-ce que la prière? (Et nous revoyons la longue réponse, à droite au tiers de la page) « C'est l'élévation de notre âme et de notre esprit vers Dieu pour...»

Des milliers de coopérateurs québécois se seront initiés à l'étude de la coopération dans le *Catéchisme des Caisses populaires* du Chanoine Grondin. Fruit de longues et fréquentes promenades de Desjardins sur l'avenue Guénette ou Mont-Marie? Le gérant de la Caisse a toujours aimé emprunter ces allées tranquilles pour respirer, digérer et réflchir. Il y rencontre régulièrement d'autres promeneurs, les prêtres du collège de Lévis.

— Luzzati parle encore de vous dans son bulletin de janvier, dit l'abbé Joseph Hallé. Ah! Ces Italiens, ils ont un vocabulaire exubérant. Les voici rendus à parler de la « capitalisation de l'honnêteté », si je peux traduire leur pensée.

— J'ai pensé, répond Desjardins, qu'on pourrait capitaliser sur le talent de notre ami Grondin. Vous m'aideriez à le convaincre?

Ils se retrouvent dans la petite chambre du jeune professeur qui a lui-même raconté cette invasion imprévue.

« Vers 1908, monsieur Desjardins s'amène à ma chambre. Monsieur l'abbé Hallé survient, monsieur l'abbé Irénée Lecours aussi, le philosophe et l'économe du collège sont là, est-ce un complot?

— Je suis débordé, me dit alors monsieur Desjardins, vous enseignez le catéchisme à vos élèves, vous allez faire un catéchisme pour nos futurs coopérateurs!

Sous une petite lampe fumante, poursuit le chanoine Grondin, tous les soirs à neuf heures sonnant, portes closes, j'essaie ma plume et mes ailes. Si les murs de cette cellule de vingt pieds par dix pourvaient parler, ils

en rediraient des propos brillants... et d'amères déceptions. Des jours pleins de soleil, il y en eut, mais tout
à côté, il s'en présentait remplis de grisaille et de tempête.
Si nous avons peiné sur ce fameux petit catéchisme!»

Grondin réfléchit, écrit, corrige. Desjardins relit et
commente, annote et nuance, discute et explique. Grondin
écoute, biffe, questionne et rédige.

— Il faudrait ajouter un paragraphe sur le Conseil
de surveillance...

— Il faudrait tous les raccourcir. Pensez au coût de
l'impression!

Ils y pensent tous. Pas question de passer à la caisse
et d'imputer la dépense aux frais généraux. «Nous mîmes
la main à nos maigres goussets, raconte Philibert Grondin, et... le chef-d'oeuvre sortit des presses de *La
Vérité*.» Ré-édition après ré-édition, le petit catéchisme
a connu des tirages successifs justifiant son excellence et
son opportunité.

L'opale scintille

La coopération est un diamant aux facettes innom-
brables. Dans la vitrine du joaillier, elles resplendissent
d'éclat. Desjardins devient un orfèvre révélant à des milliers de gens l'éclat opalin de la coopération.

L'automne 1908 l'amène au-delà de cette mystérieuse
et belle vallée de la Matapédia. S'arrêtant à Maria, le
13 septembre, il file vers Rimouski le dix-sept et revient
vers Cabano le vingt.

L'hiver le suit à L'Ancienne-Lorette en novembre et
dans le quartier Saint-Sauveur de Québec en décembre.
L'année nouvelle vient-elle d'apparaître? Le trois janvier
1909, il passe à Saint-Charles de Bellechasse; il monte à
l'assaut de la métropole le 31 janvier. Il fonde la première
caisse montréalaise dans la paroisse des Jésuites, à
l'Immaculée-Conception.

Dans tout l'enchevêtrement de cette épuisante farandole de créations successives, une rapide excursion au-delà des frontières canadiennes. Desjardins a accepté la première d'une impressionnante série de visites aux États-Unis, à l'été 1909.

«Nous avons commencé nos opérations à Lévis sans un seul sou en caisse, explique-t-il aux auditeurs de Boston durant sa conférence au Twentieth Century Club, notre actif général s'élève au 14 février 1909 à $85,892. Cet exemple a produit d'excellents fruits puisqu'il m'a été donné pendant les douze ou quinze derniers mois d'avoir le plaisir d'organiser vingt-deux autres caisses populaires semblables dans la seule province de Québec, avec le concours éclairé et empressé des citoyens de ces localités que l'idée avait frappés et enthousiasmés».

Papa est-il revenu?

De retour des États-Unis, entre deux sessions parlementaires, Desjardins rivalise d'ardeur avec le soleil estival. À Saint-Victor de Tring, le 27 juin, Saint-Narcisse le 4 juillet, Danville le 11, Lac Noir le 18, un répit de deux semaines à la maison, il repart.

— Papa est-il revenu? demande Raoul Desjardins à sa mère.

— Il a trois caisses à organiser durant le mois d'août. Il veut aller en Mauricie avant l'hiver. Les gens de Trois-Rivières et de Grand-Mère viennent de lui écrire.

— Si vous le rencontrez avant moi, dites-lui de ne pas prendre d'engagement au début de janvier. Nous serons tous à Montréal.

— Ah! Tu as vu monsieur Giroux, mon grand?

— C'est-à-dire qu'Eugénie et moi sommes bien d'accord; je dois faire la grande demande dimanche prochain.

— Et vous vous marierez en janvier, à Montréal?

— Le onze au matin si monsieur le curé est d'accord et que papa veut assister à la cérémonie.

— Nous y serons tous, comme tu l'as dit. Ton père et moi l'aimons bien, mademoiselle Giroux. Il n'y aura qu'Adrienne d'absente; je ne pense pas que les Ursulines l'autorisent à sortir du couvent.

— Eugénie et moi lui écrirons. J'ai l'impression que mes fiançailles ont donné des idées à mon frère.

— Edgar? Il vient à peine de...

— Mais maman, Edgar a vingt-sept ans.

— Mon Dieu, il avait à peine dix ans quand ton père a commencé à travailler à Ottawa, les années passent donc bien vite.

— Et papa qui ne les trouve jamais assez longues pour répondre à tous ceux qui veulent le rencontrer. Parlant de rencontre, monsieur et madame Giroux aimeraient bien faire votre connaissance.

— Mon grand ménage qui n'est pas fait!

— Maman! La maison est toujours propre comme un sou neuf.

— Des sous neufs! J'avais promis à ton père d'aller en chercher à la Banque d'Épargne, aujourd'hui.

Une collectivité en éveil

Au cours des trois prochaines années, 1910, 11 et 12, plus de soixante-dix fondations se succèdent jusqu'au 29 juin à Mégantic avec la centième Caisse populaire. C'est au prix de fatigues, de dépenses et de dévouement qu'un homme, adorant sa famille, sacrifia les plus belles années de sa vie pour apporter à une collectivité en éveil les bienfaits de la coopération.

L'enthousiasme ne jaillit pas spontanément à la seule pensée que des coopératives pourraient naître autour de soi. Il aura fallu qu'un homme fonde au pays une première coopérative d'épargne et de crédit, qu'il n'ait cesse d'en faire surgir de nouvelles sur des bases solides. Desjardins n'a rien d'un illusionniste dont la prestidigitation ou la magie nous fascinerait un instant. L'enthousiasme de ses concitoyens provient des soins avec lesquels Desjardins s'assure de la viabilité de chacune des nouvelles Caisses. Le fondateur veut «faire naître et développer le goût et la pratique constante et vigoureuse de l'épargne la plus modeste». Tel était le but initial de la première Caisse; tel est le but de toutes les nouvelles. Cent coopératives de solidarité!

Ahurissante mathématique et admirable expansion que seuls la sociologie de la coopération québécoise et le dynamisme d'un homme convaincu peuvent expliquer. On peut épuiser l'analyse de toutes les conjonctures sans parvenir à recréer ces années durant lesquelles un être humain participe à l'organisation de deux nouvelles Caisses par mois.

Fonder, maintenir et développer une coopérative n'est pas une idée originale, au début du vingtième siècle. Les Pionniers de Rochdale ont expérimenté et réussi, dès 1844, la formule coopérative dans le domaine de la consommation et même de la production. Frédéric-Guillaume Raiffeisen et Hermann Schulze ont fondé des Caisses rurales et des banques populaires dès 1850. Luigi Luzzati créa sa banque populaire italienne en 1864. En 1900, le Québec connaissait les coopératives agricoles, les unions mutuelles d'assurance.

La lente transformation de la société québécoise a commencé. Le mirage aux alouettes de la puissance industrielle américaine attire des milliers d'émigrants vers la Nouvelle-Angleterre; des centaines de familles quittent leurs paroisses pour s'installer dans le Massachusetts, le New-Hampshire et le Connecticut. Le gouvernement perçoit à peine les cris d'alarme des curés de villages et les appels des missionnaires colonisateurs. Pourtant, ces départs et ces inquiétudes ont éveillé les populations rurales. Habitués à faire face eux-mêmes aux difficultés de la vie quotidienne, nos ancêtres comprennent qu'il faut endiguer cette hémorragie et trouver de nouvelles manières de vivre.

Puisqu'il semble périmé ce temps où l'habitant se suffisait à lui-même, payant en nature et en troc ses dépenses, nourrissant et vêtant sa progéniture, l'occupant à la terre et aux champs, admettons-le et voyons comment vivre avec les temps nouveaux. Nos ancêtres sont réalistes, patients et tenaces. Ils ont bâti leurs paroisses et leurs villages; ils peuvent bâtir encore. L'idée de cette société d'épargne et de crédit, chez-eux, convient à leur mentalité.

Individualistes et méfiants, ils préfèrent depuis toujours les organisations de leur propre village. Ils respectent leurs notables, soulèvent poliment leur chapeau en les rencontrant; ils ne se privent pas de rouspéter lorsque les «impothèques» (hypothèques) coûtent trop cher.

— Monsieur le notaire a besoin d'argent!

Ils respectent leurs curés, ouvrent la porte de leur salon lors de la visite annuelle; ils ne se gênent pas pour critiquer quand, du haut de la chaire, leur curé parle trop fort des «créatures, champlures et sacrures»*;

— Monsieur le curé pourrait aller se promener!

— Les gens de Saint-Zacharie s'organisent pour avoir une Caisse dans la paroisse? On va leur montrer qu'à Sainte-Aurélie, on peut en avoir une à nous autres.

— Monsieur Desjardins est attendu à Saint-Honoré, le dix? Dites-donc, monsieur le Curé, allez donc faire un tour et ramenez-nous-le à Saint-Martin la semaine prochaine.

— Paraît qu'avec une vingtaine de familles, on peut fonder une Caisse. Parlez-en en chaire dimanche prochain, on sera trente familles à Sainte-Éleuthère pour

---

* Expressions populaires pour forniquer, boire et sacrer.

accueillir votre monsieur, comment vous l'appelez? —
— Desjardins, Votre monsieur Desjardins.

Un été américain

Pierre Jay, commissaire des banques (State Bank
Commissioner) de l'État du Massachusetts, vient d'apprendre d'Henry Wolff «qu'un homme très renseigné, qui
a fait ses preuves et qui a inauguré un système préférable
à ceux que nous possédons»[36] vit au Canada. Le commissaire américain apprend d'Edward A. Filene, marchand
de Boston, qu'Alphonse Desjardins a collaboré à la rédaction de la loi des coopératives du Massachusetts. Il invite
Desjardins à venir séjourner un mois entier à Boston.

La fondation des premières Caisses populaires américaines et la publicité des journaux d'outre-frontière
sensibilisent les autorités du pays voisin. En octobre 1912,
il se rend à New York, à l'invitation de la Russell Sage
Foundation. Durant une semaine entière, il y donne des
conférences devant les financiers et les directeurs d'institutions économiques. L'une d'entre elles, décrivant
l'oeuvre des caisses populaires, sera publiée en 1914
par la fondation américaine qui la distribuera largement
aux États-Unis.

Cet été américain n'a pas fini de porter fruit. Le dix
décembre 1912, le secrétaire d'État Knox, à la demande
du Président Taft, invite Desjardins à communiquer à
tous les gouverneurs assemblés les avantages de sa coopérative d'épargne et de crédit. Le fondateur ne peut
accepter l'invitation mais il soumet à la War Monetary
Commission de Washington un mémoire décrivant les
rouages et les techniques de la Caisse populaire.

Ce mémoire reprend, en anglais, les idées énoncées
dans deux brochures publiées à l'École sociale popu-

---

36. Lettre d'Henry Wolff à Pierre Jay et Edward Filene, 1911.

laire de Montréal (numéros 7 et 12). Il inspirera l'État du Wisconsin qui charge M.C. Riley d'étudier le système Desjardins afin d'améliorer la situation économique des travailleurs de cet État.

Tout cet été américain amène le Southern Commercial Congress, le 17 décembre 1912, à proposer au fondateur des caisses populaires, un voyage d'étude en Europe. Desjardins ne peut accepter, Mais l'Europe vient vers lui. L'ambassadeur des États-Unis à Paris, Myran T. Herrik, écrit à Desjardins: «J'ai été en consultation avec monsieur Henry Wolff pendant une couple de jours. Il a eu la complaisance d'arrêter ici pour parler avec moi. Monsieur Wolff me dit que vos banques serviraient d'excellents modèles pour nos banques rurales dans plusieurs parties des États-Unis. Je suis à préparer la publication d'un livre et vous réserve un espace pour votre travail. Pouvez-vous m'envoyer toutes les publications soit françaises soit anglaises sur votre oeuvre?»

Henry Wolff vient chapeauter tout ce rayonnement en déclarant alors de Paris: «J'insiste auprès des Américains que je vois actuellement en grand nombre à leur dire que votre type de banque populaire est celui qui promet le mieux pour les États-Unis. À l'exposition pour l'ouverture du Canal de Panama, il se tiendra un congrès sur le crédit coopératif où nous serons les invités et nous exposerons probablement des statistiques démontrant l'extension en votre pays.»

L'orfèvre qui a sorti le diamant de son écrin a bien oeuvré. «Nous avons la preuve, peut-il écrire, de cette haute intelligence de nos populations rurales dans l'existence de 80 (il y en a 100) Caisses qui fonctionnent à merveille dans autant de paroisses composées de braves cultivateurs.»

L'archevêque de Montréal, Monseigneur Paul Bruché-si, peut avec raison le remercier en déclarant devant les membres du Congrès Sacerdotal: «Monsieur Desjardins, votre cause est gagnée.»

Le vainqueur, pourtant, poursuit sa bataille et son objectif: «protéger les sociétaires de la caisse contre les revers de fortune, les résultats du chômage, la maladie et l'indigence en leur enseignant les bienfaits inappréciables d'une sage prévoyance appuyée sur la coopération...»

CHAPITRE XI

Le Commandeur Desjardins
(1913-1916)

Les chandelles du gâteau

C'est le plus beau cadeau de fête qu'un père puisse recevoir, dit Alphonse Desjardins à son fils Charles, le dernier de ses garçons. Je te souhaite huit belles années et la réalisation de tous tes voeux.

— Moi aussi, papa.

En septembre 1912, Charles, à dix ans, s'engage sur les traces de ses trois frères aînés. L'année même où Paul-Henri, à vingt ans, quitte le Collège de Lévis à la fin de ses études classiques, le benjamin lui succède. Il entre en Éléments-latins.

— C'est le plus beau cadeau de fête dont un père puisse rêver, dit Alphonse Desjardins à son fils Raoul, l'aîné de ses quatre garçons et trois filles.

— Eugénie et moi te souhaitons une bonne fête, papa. Le petit Alphonse te dit, en souriant et en pleurant: Bonne fête, grand-papa.

Entouré de ses enfants et de son petit-fils, Alphonse Desjardins célèbre son cinquante-huitième anniversaire. Sa femme a retrouvé le berceau des enfants pour y déposer le nouveau-né.

— J'allais oublier mon gâteau!

— Vous demeurez au salon avec les hommes, on s'en occupe!

Albertine entraîne ses deux belles-soeurs (la femme de Raoul et celle d'Edgar) vers la cuisine. Anne-Marie vient les rejoindre.

— Et moi? J'e n'ai pas encore oublié où maman gardait ses chandelles, dans le dernier tiroir à gauche. Si vous pensez que je vais demeurer toute seule au salon quand les hommes vont parler de politique? Allons-y, ma petite soeur, sortons les chandelles.

De drôles d'idées

— La politique et papa, tu sais, répond Albertine; il n'a pas le temps d'y penser.

— Mon mari y pense pour lui. Fiez-vous à Almanzor pour en parler, en manger, en rêver. Il s'est mis dans la tête que papa devrait s'en occuper.

— Tu diras à ton mari, ma grande soeur, d'oublier ses idées. Ça fait vingt ans cette année que papa s'occupe des débats d'Ottawa, à chaque session, il sait à quoi s'attendre de la politique!

— Justement, puisqu'il fréquente Ottawa, il pourrait tout aussi bien s'y rendre comme député. Almanzor croit que les gens de Lévis devraient organiser une délégation auprès de papa.

— Tu n'en as pas assez vu de délégations à la maison? Il y a encore des sociétaires, après douze ans, qui prennent notre salon pour le bureau de la Caisse. Député! Où est-ce que papa prendrait le temps? Tu devrais voir entrer le courrier ici. Le mois passé, on s'est mis à trois avec maman, papa et moi pour répondre à toutes les lettres. J'en ai compté deux cent quarante-six et le facteur continue d'en apporter.

— À la Caisse l'autre jour, il y a des gens qui ont dit à Raoul qu'ils verraient bien le beau-père siéger au Sénat. Il pourrait mieux y protéger ses Caisses.

— Elles ont toute la protection voulue, les Caisses de papa, intervient Albertine.

— N'empêche, dit Anne-Marie, qu'en 1906, si je me souviens, l'abbé Lecours disait à papa que le gouvernement l'aurait plus écouté s'il avait été sénateur plutôt que fonctionnaire.

— Tu diras à ton mari et à mes frères qu'un grand-père c'est fait pour gâter des enfants, pas pour que ses enfants lui gâtent sa fête. Apportez le gâteau, je vais leur en faire voir des chandelles à vos hommes. Sénateur! Vous en avez de drôles d'idées. Papa a bien plus besoin de repos que le Sénat peut avoir besoin de lui!

Un sénateur

De la cuisine de l'avenue Guénette, la «drôle d'idée» fit son chemin durant l'année 1913. Les amis de Desjardins y pensèrent et Desjardins lui-même s'interrogea. Il avait assez fréquenté les couloirs du Parlement, lu les journaux et suivi les débats parlementaires pour se rendre compte du prestige entourant le titre de sénateur. À plusieurs reprises, au Parlement, se prévalant des simples avantages postaux accordés à l'affranchissement du courrier sénatorial, il avait eu recours à la papeterie disponible. Quelques-uns de ses correspondants étrangers adressaient leurs demandes au sénateur Alphonse Desjardins. Le fonctionnaire envoyait ses réponses sur la papeterie du Sénat. Elles n'en étaient pas moins précises ou véridiques mais elles bénéficiaient, auprès du fonctionnarisme étranger, d'une crédibilité supplémentaire.

En mars 1913, l'abbé Grondin fit écho publiquement dans un article à *La Vérité* de l'avantage politique d'une telle décision. À Ottawa même, la réputation d'Alphonse Desjardins était excellente. Arthur Meighen, futur premier ministre canadien, alors député fédéral de Portage-La-Prairie en témoigne avec éloquence devant la Chambre des Communes: «Je tiens à rendre pleine et entière justice à ceux qui ont tracé la route que je me propose de suivre aujourd'hui. Je ne rendrais pas justice à ceux qui se sont préoccupés de cette grande réforme, si je ne faisais pas allusion aux efforts continus d'un homme dont nous connaissons tous l'esprit social (. . .) je veux parler de monsieur Alphonse Desjardins de Lévis».

Trente ans avant ce témoignage, on parlait déjà de réformes législatives concernant les lois canadiennes sur l'usure. Celui qui avait cessé d'en parler pour les étudier et rémédier à la situation méritait certes une telle reconnaissance publique. De là à combler une vacance sénatoriale par la nomination d'un fonctionnaire qui ne milite plus dans les comités et les officines d'un parti, il y a marge pour la réflexion. Les interventions discrètes ne suffisent pas à combler la marge. Pressenti par ses amis, Desjardins ne se fait pas d'illusion. Il ne refusera pas la nomination qui lui permettrait d'agir directement, au sein du Sénat et du Parlement fédéral, auprès de législateurs ainsi mieux motivés pour favoriser le développement de la coopération.

Peu de citoyens demeurent insensibles aux avantages matériels reliés au titre de sénateur. Desjardins sait, entre autres, qu'un sénateur peut se déplacer gratuitement à bord des trains du pays. Une telle économie serait bénéfique aux coopérateurs faisant appel aux services de Desjardins pour l'organisation de leur Caisse.[37] Le prestige du titre rejaillirait sur l'oeuvre tout entière; les sociétaires présents et futurs en bénéficieraient. L'action du fondateur prolongerait le rayonnement du sénateur jusqu'aux deux océans du continent national.

---

37. Vicaire à Sainte-Germaine de Dorchester, l'abbé Rochette doit attendre que les paroissiens voisins, à Saint-Léon, en septembre 1912, acceptent de souscrire leur moitié des huit dollars nécessaires pour défrayer le passage à bord du Québec Central amenant Desjardins au village.

On ne saura jamais si ces illusions et ces espoirs des amis de Desjardins auraient pu se transformer en réalité; le gouvernement fédéral de 1913 en décida autrement. Le premier ministre conservateur Borden disposa son échiquier sénatorial sans faire appel à Desjardins. Les démarches entreprises, écrira plus tard le sénateur Cyrille Vaillancourt, pour faire nommer Desjardins sénateur en 1913 s'avérèrent vaines.»[38]

Il n'est pas prouvé d'ailleurs que l'avenir des caisses populaires eût été différent par suite de l'entrée d'Alphonse Desjardins au Sénat. Eussent-elles bénéficié d'une charte fédérale? Desjardins ne renonça jamais à l'idée mais, pragmatique, s'assura que les lois québécoises n'entravassent pas la vie du mouvement populaire.

Le Commandeur

Ce que l'État ne considéra pas, l'Église le fit. Desjardins a servi les deux loyalement, les associant dans son esprit et son action. «Le devoir social s'impose à tous. Allons au peuple, il nous attend. En l'aidant dans ses luttes de chaque jour, on lui fera aimer davantage la religion et la patrie.»[39]

L'archevêque de Québec est plus sensible aux mérites d'Alphonse Desjardins et à l'excellence de son oeuvre que la... patrie politique. Depuis dix ans, il a suivi de près les efforts d'un homme pour apporter aux classes laborieuses du pays une solution chrétienne à leurs problèmes économiques. Il sait que Desjardins est conscient du message social de *Rerum Novarum* et des exhortations de Léon XIII reprise par Pie X: «L'Église veut et désire ardemment que toutes les classes mettent en com-

38. Voir Vaillancourt-Faucher, A. *Desjardins, artisan de la coopération*, manuscrit page 27.

39. Voir Papin Archambault, *Silhouette de Retraitants*, Montréal 1943.

mun leurs lumières et leurs forces pour donner à la question sociale, la meilleure solution possible».

Les prêtres du diocèse de Québec ont discerné et reconnu les avantages moraux du mouvement des Caisses d'épargne et de crédit; ils ont donné leur appui à cette oeuvre populaire. Il y eut certes hésitation de part et d'autre à cause des interdictions romaines dans l'administration de biens temporels. Le Cardinal Bégin, lors de sa visite à Rome en janvier 1913, plaida la cause «des ecclésiastiques prudents et très recommandables pouvant s'occuper de l'administration financière d'oeuvres sociales».[40]

Desjardins n'a-t-il pas assigné lui-même un but de haute valeur à sa société: «assurer la pratique des vertus chrétiennes et sociales qui distinguent le bon citoyen, le travailleur laborieux et intègre?»[41]

L'Église peut accorder des honneurs insignes aux catholiques dont elle désire reconnaître publiquement la filiale soumission à ses principes. Le 14 avril 1913, le Cardinal Bégin revenu de Rome est heureux de manifester la reconnaissance ecclésiastique au fondateur des Caisses populaires. Il décerne le titre de Commandeur de l'Ordre de Saint-Grégoire-le-Grand à celui dont il admire l'oeuvre. Il remet à Alphonse Desjardins la décoration offerte par un sociétaire d'une caisse populaire italienne, à Saint-Joseph-de-Venise, Sa Sainteté le pape Pie X.

Le Commandeur ne s'arrêta guère à se draper de satisfaction dans son grand manteau blanc. Terminant, en civil de tous les jours, l'organisation de la Caisse Saint-Jean-

---

40. Lettre du Cardinal Bégin à Alphonse Desjardins, 4 novembre 1916, contenant le texte original de la supplique cardinalice au Saint-Père ainsi que la réponse officielle du Vatican.

41. Statuts de la Caisse de Lévis, para. 4, article 2, 1906.

Baptiste d'Ottawa, il amorce celles de Sainte-Anne-de-la-Pocatière et de Notre-Dame du Mont-Carmel.

Au service de tous

La silhouette du fondateur se ressent des années. Le long profil mince de 1900 s'est épaissi, le pas régulier et sec s'est alourdi, appesanti. Le visage et la taille s'arrondissent. La moustache et les cheveux blanchissent. L'homme à soixante ans a pris du poids en dépit de toutes ses activités; il n'a plus la même résistance physique que le jeune journaliste.

La volonté et la détermination, l'abnégation et la générosité d'Alphonse Desjardins ne se ressentent pas de ces changements. Il demeure au service de tous et se préoccupe du bien-être de chacun. À l'été, devant les missionnaires agricoles réunis en congrès à La Pocatière, à l'automne, devant les membres du Canadian Club de Toronto, il propose le même idéal. «La seule condition qui doit être imposée aux activités coopératives, c'est que dans leur organisation, leur fonctionnement et leurs objets, les associations coopératives doivent s'adapter judicieusement aux besoins des classes sociales les plus pauvres, pour le bénéfice desquelles elles sont créées.»

Sa fille cadette, Albertine, attestera de cette préoccupation paternelle prioritaire: «L'oeuvre sociale des Caisses populaires ne sera salutaire et ne maintiendra ses influentes ramifications que dans la mesure où les dirigeants de tout groupe et de toute filiation étendront leurs activités à la lumière éclairante de l'unique pensée du fondateur: établir des centres d'épargne et de secours pécuniaires à la portée de tous.»[42]

Cette pensée lui a inspiré une réponse concrète à des besoins particuliers. Le 28 décembre, dans sa paroisse

---

42. Voir le procès-verbal de la Caisse populaire de Lévis, assemblée générale du 2 juillet 1944, discours d'Albertine Desjardins.

de Lévis, il établit une caisse d'un nouveau genre échappant à toute législation antérieure: la caisse-dotation pour jeunes filles. Il n'a pas oublié que «les capitaux se forment par l'épargne qui grossit la richesse nationale d'un peuple». Il le rappellera à mademoiselle Plante, gérante de cette nouvelle caisse (lettre du 14 janvier 1916) qui se constituera de façon autonome un capital supérieur à $50,000 avec les années. Par cette création, Desjardins apporte aux jeunes filles du couvent de Lévis le sens de la prévoyance et de l'épargne en vue de se constituer elles-mêmes une dot éventuelle.

La loi de 1915

Au tout début de cette année, Desjardins songe à cette nouvelle création régie par le droit commun comme le fut celle de 1900. Il demande au gouvernement provincial un amendement à la loi des syndicats coopératifs afin de légaliser la fondation des caisses de dotation et de prévoyance.

La demande ramène toute la loi devant l'Assemblée législative et Sir Lomer Gouin en demeure le parrain. Toutefois, une surprise attend Desjardins. Les députés de Gaspé, Lévis et Terrebonne se sont rendus compte de l'existence de cent quinze caisses populaires au Québec. Ils demandent qu'elles soient soumises à une inspection relevant de l'autorité provinciale. Étonné, Desjardins ne comprend pas le but d'une telle intervention de l'État dans les affaires privées des citoyens réunis en coopérative. Il est présent au Comité de la Chambre qui discute de la loi et de cette exigence nouvelle. Répondant lui-même aux questions des députés, il exprime sa stupéfaction. Il leur rappelle qu'aucune compagnie, aucune corporation n'est assujettie à de telles inspections. Le comité reviendra sur cette question, dix-sept ans plus tard, lors de la naissance de la Fédération des Caisses.

Pour le moment, le gouvernement du Québec accepte l'offre de Desjardins de déposer une copie du rapport annuel de vérification privée au Secrétariat de la province.

La loi de mars 1915 contient une autre particularité pour laquelle Desjardins eut aussi gain de cause. Québec autorise la fondation de sociétés «sous forme de fédérations dont les activités et les opérations peuvent s'étendre à toute ou à une partie seulement de la province». Pour la première fois, dans un texte officiel, apparaît cette idée de regroupement des forces du mouvement.

Le mouvement d'ailleurs ne cesse de s'étendre. Avec un serrement de coeur, Desjardins doit décliner de nombreuses invitations réconfortantes. À Boston, les dirigeants municipaux viennent de fonder une Caisse populaire et prient Desjardins de leur rendre visite. Ralph Metcalfe préside la commission américaine du crédit rural à Washington.[43] Il demande à Desjardins de collaborer à la rédaction de la loi recommandant l'instauration de son régime d'épargne et de crédit dans cet État. De fait, c'est le dixième état américain qui fait appel à la compétence de Desjardins. Ne pouvant accepter de s'éloigner aussi longtemps et aussi souvent qu'autrefois, Desjardins accepte toutefois d'étudier les documents. Il conserve ses forces pour son travail professionnel à Ottawa et l'organisation d'un faisceau de nouvelles Caisses montréalaises. Il consacre régulièrement ses efforts à la gérance de sa Caisse de Lévis dont l'actif vient d'atteindre un demi-million de dollars.

«On vous érigera une statue»

«Je suis vraiment ravi des nouvelles que votre bonne lettre m'a apportées ce matin. Ah! vous ferez encore de

---

43. Correspondance Metcalfe-Desjardins, décembre 1916.

grandes choses dans le Canada et on vous érigera une statue comme bienfaiteur national.»[44]

C'est le lot des hommes dont l'idéal et l'action animent de grandes oeuvres de voir, un jour, leur image bien vivante, s'immobiliser et se figer. Desjardins n'échappe pas au mythe du succès. Entre le Sacré-Coeur surplombant les portes d'entrées des demeures de nos ancêtres, près de la lithographie jaune et blanche du pape décorant les murs de tous les presbytères et celle toute bleue de la Sainte Vierge, le local des Caisses populaires présente aux sociétaires la photographie officielle du fondateur.

Le «monsieur de la caisse» que l'enfant reconnaissait à la messe de minuit dans le banc de l'église paroissiale, heureux parmi les siens et souriant à sa famille, est devenu le Monsieur de la Caisse.

Dans son fébrile laboratoire de la rue Guénette, Alphonse Desjardins demeure heureux et souriant même s'il est conscient des difficultés à surmonter. Le chemin parcouru fut peut-être semé d'embûches mais l'oeuvre prend un essor encourageant. À la maison, sa femme et lui causent longuement des projets à envisager. Au-delà de la porte de leur résidence, le vent de Lévis balaie le parc et l'image officielle du Commandeur qui demeure simple, affable et bienveillant pour toute sa famille. Au foyer, un homme aimé vieillit lentement. Au-dehors, une réputation de «bienfaiteur national» immortalise le Commandeur Alphonse Desjardins, devenu pour des milliers d'êtres humains le fondateur des Caisses populaires.

---

44. Correspondance Wolff-Desjardins, 14 janvier 1904.

CHAPITRE XII

Les dernières années
(1917-1920)

Dans l'humilité d'un corps affaibli

Les premiers symptômes de l'urémie qui allait miner la santé d'Alphonse Desjardins, le clouer au lit et causer sa mort, firent leur apparition vers 1914. Le signal d'alarme force l'infatigable voyageur à diminuer ses activités. Sa famille et son médecin interviennent pour qu'il puisse se protéger lui-même et ne pas sacrifier sa santé chancelante. En 1916, après vingt-quatre ans de services, le rapporteur des Débats parlementaires ne peut, dans sa condition physique, s'éloigner de chez-lui durant des mois. À regret, il présente sa démission au service civil d'Ottawa.

Sa fille a évoqué le souvenir de cette période: «J'arrive à vos longues années de maladie alors que la souffrance physique et surtout morale vous torturait. Durant cette épreuve, vous êtes resté l'homme de foi et d'abandon à la volonté divine: je vous ai souvent vu pleurer... jamais je ne vous ai entendu murmurer.» L'un de ses premiers biographes, le supérieur du Patro de Lévis, le Père Stanislas parle «d'atroces douleurs succédaient à la torture morale de l'inactivité».

Si l'homme ralentit ses activités physiques au cours des quatre dernières années de sa vie, il ne cesse pas pour autant de se préoccuper des Caisses... Desjardins.

La Caisse populaire Desjardins

Les sarcasmes des incrédules parlant en 1900 de «la banque à Desjardins» font place à l'intérêt croissant des gens pour les Caisses populaires. Pour la première fois dans l'histoire de leur fondation, à l'été 1913, une coopérative d'épargne et de crédit prend officiellement le nom du fondateur. Il peut y avoir un quiproquo dû au hasard, à cette occasion. Le président-gérant de la cent-troisième Caisse, celle de Saint-Sauveur-des-Monts, est le curé de la paroisse, l'abbé Desjardins!

L'initiative réelle en revient au journaliste Omer Héroux, attiré à Montréal par le quotidien d'Henri Bourassa de puis 1910. Héroux ne manque aucune occasion de souligner les efforts de Desjardins et recourt à une formule qui se répand graduellement. Les Caisses populaires de Desjardins deviennent les Caisses Desjardins.

«Caisses Desjardins! déclare Héroux. Vous êtes en train de populariser ce nom, car déjà on m'écrit en l'employant». En 1916, au moment où la maladie confine Desjardins à sa demeure, 169 Caisses prospèrent au pays. Même si chacune d'elles est autonome, les gérants consultent Desjardins surtout lorsque de sérieuses difficultés imprévues se présentent.

S'il arrive que les demandes de prêt sont inférieures aux dépôts disponibles, les Caisses s'empressent de recourir à l'expérience du fondateur. Le placement de ces fonds auprès d'institutions municipales, scolaires ou religieuses a toujours retenu l'attention de Desjardins. L'un de ses correspondants de l'époque, le professeur Mitchell de l'université Queens partira de ces faits pour recommander à Desjardins un mécanisme d'équilibre.

À quelque chose malheur est bon; la maladie qui entrave son activité physique lui accorde des heures de réflexions fécondes sur l'avenir des Caisses populaires Desjardins.

Dans la sérénité d'un esprit lucide

Que l'Histoire, avec raison, perpétue le souvenir de Desjardins en associant le nom du fondateur des Caisses d'épargne et de crédit de chez nous, c'est justice déjà considérable.

«Cet homme a couru le pays en tout sens, il a dû parler devant des évêques, dans des assemblées de prêtres, dans de nombreux congrès, il a répondu chaque année à plusieurs milliers de lettres», dit son premier biographe, le Père Stanislas, supérieur du Patro de Lévis.

N'eut-il fait que cela, qui exige en soi le don d'une vie entière à un idéal, Desjardins aurait droit à notre reconnaissante admiration. Il aurait participé au relèvement économique des classes laborieuses en leur proposant un moyen d'améliorer elles-mêmes leurs conditions de vie.

Dans chacune de ces petites entités paroissiales aux prises avec la concurrence organisée, tout n'est pas facile. Desjardins en a compris le danger. La faiblesse humaine, le travail non rémunéré, l'ignorance fréquente de la comptabilité, la succession d'administrateurs sans aucun doute fort dévoués mais souvent peu compétents, les pressions politiques locales, menacent la survivance des Caisses autonomes.

Quelques-unes d'entre elles vacillent. Celle de Sainte-Anne-des-Monts disparaît à la suite de prêts hasardeux. Celle de Maniwaki est liquidée comme celle de Yamachiche, à la suite du départ du curé-gérant. Plus surprenantes encore celles de Saint-Damase et de Saint-Édouard-des-Méchins qui proposent aux sociétaires de retirer leur argent de la Caisse pour l'avancer à la Fabrique afin de construire une nouvelle église.

Il en fallut de peu, en 1932, qu'elles ne disparaissent une à une dans la tourmente nationale des crises financières. Aux États-Unis, le président Roosevelt n'hésite pas à promulguer une loi d'urgence *(Holiday Bank)* ordonnant la fermeture des banques et des Caisses. La Caisse centrale de Lévis, où le Chanoine Victor Rochette refuse de fermer les portes, triomphera des hésitations. Encore fallait-il qu'une telle institution existât. Elle doit son existence au diagnostic lucide et serein que Desjardins pose lui-même en 1917 sur son oeuvre, engendrant la mise en chantier d'une gestion fédérative de fonds.

Au-delà de la fondation d'une caisse centrale et d'une fédération préconisées en avril 1917, proposées en juillet 1920, s'inspirant de sains principes administratifs et de pertinents impératifs économiques, Desjardins veut assurer le rayonnement des principes sociaux qui l'ont toujours inspiré.

La dernière assemblée générale

Ils étaient cent à la première assemblée de la future Caisse de Lévis, en décembre 1900. Les premiers versements ($26.40) et l'actif ($242.) en janvier 1901 ont bien changé. Ils sont garants d'une expansion constante à laquelle les sociétaires applaudissent, seize ans plus tard.

Dans la grande salle du collège de Lévis, le président-gérant présente son avant-dernier rapport. Deux millions de dollars utilisés depuis la fondation pour 9,962 prêts sans aucune perte. «Au début, de dire Mgr Hallé, les sceptiques étaient légion, et nombreux étaient ceux qui ridiculisaient même cette tentative d'organisation sociale et économique. Le «tronc de charité» affiche maintenant un actif de $549,000.»

L'année suivante, en 1917, le fondateur présente son rapport et préside sa dernière assemblée générale. Le vice-président, Joseph Verreault (fidèle compagnon depuis la première assemblée de 1900), présidera celles des années subséquentes jusqu'en 1920.

Desjardins fait part aux sociétaires réunis des premières démarches de caisses voisines désirant «mettre à la Caisse de Lévis un dépôt de la partie de leur encaisse la moins susceptible d'être dérangée». Il explique son intention de solliciter d'autres caisses à les imiter. Vingt-six déposent déjà leurs surplus dans celle de Lévis.

Le temps est venu de transformer l'idéal en réalité. «Je rêve de la création d'un régime économique... donnant à nos compatriotes la puissance matérielle d'une organisation économique supérieure...» avait-il écrit à Omer Héroux.[45] «Dès que mes caisses seront assez nombreuses et assez prospères, je songerai à organiser la fédération.»[46] Elles le sont devenues!

J'ai enlevé les housses, maman

Albertine était trop jeune en 1900 pour préparer le salon. Le comité d'étude et d'initiative pour la fondation de la coopérative ne préoccupe guère une jeune fille de neuf ans. Sa mère a vu aux détails: enlever les housses, passer le plumeau, jeter un coup d'oeil au plafond et aux lampes.

— Les toiles d'araignée se tissent rapidement, explique-t-elle à sa grande fille, en 1918.

— J'ai enlevé les housses, maman. J'ai passé le plumeau et vérifié les toiles d'araignée. Ne t'inquiète pas.

— Je sais bien, ma grande, mais tu connais ton père. Il ira même se passer le doigt sur le haut du buffet avant l'arrivée des invités.

— J'ai préparé six tasses pour le thé, dans la soirée.

— Cinq vont suffire, ton père ne boira rien.

— La sixième était pour toi. J'ai vu Charles ce midi et je l'ai averti de ne pas faire de bruit dans sa chambre. Les invités de papa vont arriver de bonne heure.

45. Lettre d'A.D. à Omer Héroux, 1er mai 1911.
46. Lettre de Dorimène Desjardins à J.-K. Laflamme, 1924.

— As-tu vérifié si ton père avait retrouvé son brouillon; il cherchait son Mémoire sur la Fédération des Caisses, hier soir.

— On l'a retracé dans ses notes d'avril 1917. Raoul en avait une copie à la Caisse de Lévis.

Le 16 septembre 1918, les cinq invités se rendent au domicile de monsieur Desjardins. Deux d'entre eux étaient là, au tout début en 1900: le vice-président Joseph Verreault, le président de la Commission de crédit, Théophile Carrier. Les trois autres, anciens professeurs à Lévis et missionnaires colonisateurs, l'abbé Philibert Grondin, l'abbé Roy et l'abbé Lecours. L'ordre du jour est précis: établir une caisse centrale qui maintiendra l'équilibre des caisses; un conseil supérieur de la coopération d'épargne et de crédit, la Fédération qui s'occupera de surveillance et d'inspection, de propagande et de fondation.

La démocratie n'est pas un vain mot

Pour la civilisation grecque, au temps lointain de Solon le législateur, la démocratie est un système où «le corps des citoyens possède la souveraineté, l'exerce en assemblée délibérative, et la délègue à des magistrats ou des fonctionnaires nommés par lui».[47]

C'est dans le même esprit que chacune des caisses fonctionne; l'union des caisses procèdera du même principe. Depuis l'amendement de 1915, Desjardins a longuement réfléchi à cette union. Le mémoire du 3 avril 1917 confirme cette préoccupation latente depuis le tout début de la Caisse de Lévis: «Depuis assez longtemps, le projet de réunir les Caisses populaires en un faisceau compact préoccupe mon esprit...»

---

47. Thierry Maulnier, Le sens des mots, *Le Figaro* du 6 mars 1976.

Cet esprit n'a rien d'autoritaire ou de tyrannique. Bien sûr, Desjardins a fait preuve d'autorité en maintes circonstances. Chaque fois, ce fut dans les limites du pouvoir que lui déléguaient les sociétaires de la Caisse qu'il dirigeait lui-même à Lévis. Pour les autres Caisses, respectant l'autonomie de chacune, il se prévaut de son expérience souventes fois sollicitée pour proposer des conseils, des recommandations. Il accepte parfois en maugréant les décisions locales, dans le respect des principes d'autonomie qu'il a préconisés et mis à la base de sa Caisse.

Cette fois, il procède de la même façon: il fait circuler dans les Caisses un premier mémoire en 1917 et attend leur réaction. Le grand mouvement économique qui lui tient à coeur ne fera pas fi de la démocratie; il veut bien l'animer non l'imposer. «La Caisse centrale serait ni plus ni moins qu'une Caisse populaire Centrale qui, au lieu d'avoir comme sociétaires des individus, aurait des Caisses.» Chacune des Caisses locales disposerait d'une seule voix en acceptant de souscrire un nombre limité de parts sociales à la fédération des Caisses.

Le comité tiendra de nombreuses séances avant que l'ensemble du projet discuté soit présenté aux Caisses. «Le 3 juillet 1920, Desjardins fait parvenir une lettre circulaire à tous les gérants des Caisses populaires afin de leur fournir les renseignements qu'il a colligés sur la question et si possible d'obtenir leur adhésion au projet.»[48]

Les dernières joies

À son bureau, Alphonse Desjardins termine la rédaction de cette lettre qu'il fera remettre à l'imprimerie pour diffusion générale. Il dépose sa plume un instant, incapa-

---

48. Circulaire 1920. Archives de la Fédération des Caisses populaires Desjardins, Lévis.

ble de se concentrer plus longtemps. Tout est silence dans la maison déserte. Son esprit retourne près de vingt ans en arrière, en juin 1901. Il avait accompagné sa femme au collège pour les cérémonies de remise des diplômes: Raoul devenait le premier bachelier Desjardins.

Ce soir, au collège de Lévis, dans la grande salle où se sont tenues les dernières assemblées de la Caisse, les familles de Lévis et des environs sont de nouveau réunies pour la collation des diplômes. Albertine et sa mère sont parties tout à l'heure après être venues l'embrasser. En cette fin juin 1920, c'est au tour du dernier enfant de devenir bachelier à 18 ans.

Charles, ce filleul de Charles Rayneri, coopérateur français à Menton qui l'a tant aidé dans une correspondance suivie au début des Caisses, Charles reviendra tout à l'heure du collège, le dernier des quatre garçons. Puis une autre génération lui succèdera. Les trois fils de Raoul grandissent: Albert et Jacques fréquenteront bientôt la petite école; Alphonse devrait bientôt s'inscrire en Éléments latins.

— Il faudra que j'en parle à Dorimène, songe-t-il, Raoul aura quarante ans le mois prochain. Il pourrait venir souper avec Eugénie. On pourrait célébrer la fête d'Albertine en même temps, il n'y a que cinq jours d'intervalle. Elle a vieilli aussi la petite Mésange; elle aura bientôt vingt-neuf ans! Bien oui, c'était au premier été des Caisses, en 1901, qu'on fêtait ses dix ans.

Ils étaient tous à la maison, le cinq septembre, autour du père et du grand-père qui célébrait son soixante-quatrième anniversaire de naissance. Les petits regardaient les images des cartes de souhaits venues de toutes parts, les timbres coloriés de grandes enveloppes arrivées de différents pays.

— Viens te reposer, a dit Dorimène, tu liras les autres lettres plus tard.

— Non non, mignonne. Je veux relire la lettre du Cardinal Bégin.

— Viens, Albertine et moi allons monter tout ce courrier dans ta chambre; j'ai mis des draps neufs et tu pourras recevoir tous les visiteurs. Monsieur le curé et monsieur le Supérieur ont dit qu'ils viendraient te voir.

— Je veux les recevoir au salon. Dans mon lit, j'aurais l'impression d'être un malade auquel tous ces prêtres viennent donner les derniers sacrements.

— Ils pourront causer plus longtemps avec toi si tu es bien étendu, tout à ton aise.

— Je n'aime pas remonter et descendre l'escalier.

Il ne pourra plus, bientôt, le descendre ou le remonter. «Au soir du 31 octobre 1920, selon le témoignage de sa fille Albertine, vous receviez avec ferveur le saint Viatique. Votre action de grâces terminée, vous avez pris la main de maman et je vous entends encore lui dire: «Mon sacrifice est fait totalement. Après toi et mes enfants, ce sont mes Caisses qui me coûtent le plus de laisser». Quelques minutes avant minuit, vous nous quittiez pour toujours.»

Puis-je emprunter au Commandeur Alphonse Desjardins une phrase qu'il écrivait dans sa brochure *La Caisse populaire*, en 1912, et l'appliquer à sa propre vie mise au service d'autrui.

«Leur action sera d'autant plus heureuse si, avec l'esprit de dévouement, d'abnégation, de noble charité, on réussit à mettre à leur service l'intérêt des individus, intérêt purifié, ennobli et grandi par une large pénétration de l'esprit de dévouement social qui n'est, après tout, qu'une des formes de cette même charité chrétienne mieux comprise».